中国环境规划政策绿皮书

中国环境税收政策发展报告 2019

Progress Report on Environmental Tax Policy in China 2019

龙 凤 葛察忠 高 萍 等/编著

U0787645

中国环境出版集团 · 北京

图书在版编目（CIP）数据

中国环境税收政策发展报告. 2019/龙凤等编著. —北京：中国环境出版集团，2021.10
（中国环境规划政策绿皮书）
ISBN 978-7-5111-4883-4

Ⅰ. ①中… Ⅱ. ①龙… Ⅲ. ①环境税—税收政策—研究报告—中国—2019 Ⅳ. ①F812.422

中国版本图书馆 CIP 数据核字（2021）第 185753 号

出 版 人 武德凯
责任编辑 葛 莉
责任校对 任 丽
封面设计 彭 杉

出版发行 中国环境出版集团
（100062 北京市东城区广渠门内大街 16 号）
网 址：http://www.cesp.com.cn
电子邮箱：bjgl@cesp.com.cn
联系电话：010-67112765（编辑管理部）
发行热线：010-67125803，010-67113405（传真）
印 刷 北京建宏印刷有限公司
经 销 各地新华书店
版 次 2021 年 10 月第 1 版
印 次 2021 年 10 月第 1 次印刷
开 本 787×1092 1/16
印 张 10
字 数 120 千字
定 价 70.00 元

《中国环境规划政策绿皮书》

编 委 会

《中国环境税收政策发展报告 2019》
编 委 会

执行摘要

环境税是国家采用税收手段调控经济主体行为、直接或间接促进环境保护的各种税收的总称，既包括以环境保护为基本目标的独立型环境税，也包括政策目标虽非环境保护但是在客观上起到环境保护目的的税收，还包括具有环境保护功能的税式支出政策。近年来，国家陆续出台一系列环境税收政策，逐步推进以环境保护税为核心，以资源税、消费税、增值税、企业所得税、车辆购置税、车船税等税种绿色化为辅助，涵盖资源开采、生产、流通、消费、排放五大环节 7 个税种的环境税收体系的构建。这有利于进一步优化我国税制结构，推动生态文明税制体系的建设，助力经济高质量转型和美丽中国目标的实现。

我国环境税收政策经历了空缺（1949—1977 年）、初步显现（1978—1993 年）、框架基本形成（1994—2002 年）、调整与深化运用（2003 年至今）四个阶段，约束性环境税收政策和激励性环境税收政策并存，环境税收手段介入企业生产经营的多个环节，政策之间的协同性逐渐显现。2019 年全年环境保护税收入 221 亿元，同比增长 6.8%。环境保护税实施以来，企业通过技术和管理创新，降低了污染物排放浓度，获得了低于排放标准所应享受的税收减免。《中华人民共和国资源税法》于 2019 年 8 月正式通过，资源税的征收从暂行条例上升到法律高度，资源税收制度的法律强制性进一步增强，为建立健全绿色发展价格机制起到倒逼作用。不断发展和完善交通类环境税、增值税、企业所得税、消费税和关税等其他税种中与环境相关的绿色税收政策，大力提高税收的绿色化程度，推动我国环境税收体系的构建。总体来看，我国环境税收政策体系不断健全完善，在引导绿色生产、鼓励节能减排、调整经济结构、促进绿色发展和生态文明建设、优化财政收入等方面的效应得以凸显。为了进一步使环境税收政策发挥作用，应当进一步改革将其完善，发挥政策合力，更加有效助推经济发展和生态文明建设和谐并进。

本书梳理了我国环境税收政策的发展历程，针对环境税收政策体系做出了基本评价；分别分析了 2019 年度环境保护税、资源税、交通类环境税，以及其他税收绿色化政策的实施进展、存在问题及建议完善。附录部分梳理了2019年出台的与环境税相关的部分政策法规文件清单，以及国家层面出台的环境税法规文件全文。中国环境税收政策年度发展报告由生态环境部环境规划院环境保护税研究中心（以下简称中心）牵头编制。中心多年来持续开展环境税收政策研究，积极为生态环境部和有关部委提供决策技术支撑。中心将联合有关单位继续深化环境税收政策研究，持续编撰中国环境税收政策年度发展报告，跟踪评估环境税收政策发展变化，不断完善报告分析方法、丰富报告内容、增进报告深度，希望每年通过该发展报告系统展示我国环境税收政策实施的最新进展，促进各方分享交流，助推我国环境税收政策改革与创新。

Executive Summary

Environmental tax is the general term for various taxes that promote environmental protection, directly or indirectly, by regulating the behavior of economic entities through taxation measures adopted by the State. It encompasses taxes aimed at environmental protection, that is, stand-alone environmental taxes; taxes that objectively serve the purpose of environmental protection though not designed for this purpose; and tax expenditures helpful for environmental protection. In recent years, China has successively launched a series of environmental tax policies to build, step by step, an ecological and environmental tax system. This system contains seven taxes imposed on resource exploitation, production, circulation, consumption and emission, of which environmental protection tax is put at the core and supplemented by resource tax, consumption tax, value-added tax, corporate income tax, vehicle purchase tax, and vehicle tax, as well as other green taxes. Such system will further optimize tax structure, promote an ecologically civilized tax system, and contribute to high-quality economic transition towards a beautiful China.

China's environmental tax policies have gone through four stages: vacancy (1949-1977), emergence (1978-1993), initial framework formation (1994-2002), and adjustment & deep application (2003-present). Restrictive policies and incentive policies exist in harmony and gradually show synergies, with environmental taxation methods applied in various links of enterprise production and operation. In 2019, environmental protection tax revenue added up to 22.1 billion yuan, a year-on-year increase of 6.8%. In the past two years since the implementation of environmental protection tax, companies substantially reduced pollutant concentrations through technological and management innovations, and enjoyed tax deductions and exemptions for emissions below the limits. With the formal adoption of the *Resource Tax Law of the People's Republic of China* in 2019, resource tax collection has risen from a provisional regulation to a statutory requirement, and resource tax system has become more legally mandatory, which urges the establishment of a sound green development price mechanism. Environment-related green tax policies that keep developing and improving, such as transportation-related environmental tax, value-added tax, corporate income tax, consumption tax, and customs duty, also significantly raise the degree of green taxation and drive the construction of environmental tax system in China. On the whole, China's environmental tax policy system has been continuously improved, and played an increasingly evident role in guiding green production, encouraging energy conservation and emission reduction, adjusting economic structure, promoting green development and ecological progress, and optimizing fiscal revenue. To bring them into full play, environmental tax policies should be further reformed and perfected to produce policy synergies, so that they can more effectively propel economic growth in harmony with ecological progress.

This book reviews the evolution of China's environmental tax policies, with a basic evaluation of the environmental tax policy system, and examines the progress made in 2019 with respect to environmental protection tax, resource tax, transportation-related environmental tax, and other green tax policies respectively, followed by suggestions for improvements to address identified problems. The appendix provides a list of some policies and regulations related to environmental tax issued in 2019, as well as the full text of environmental tax regulations issued at the national level. The Annual Report on Development of China's Environmental Tax Policies is prepared by the Center of Tax on Environmental Protection of the

Chinese Academy of Environmental Planning. The Center has carried out research on environmental tax and fee policies for many years as part of the action cooperation to provide technical support for decision-making by the Ministry of Ecology and Environment and relevant ministries. It will continue to deepen the research in cooperation with relevant agencies and to compile the Annual Report on Development of China's Environmental Tax Policies which keeps track of and evaluates the developments and changes in environmental tax policies. With richer and deeper analysis using refined methods, the annual report as a green paper is expected to systematically showcase China's latest progress in environmental tax policy implementation, facilitate sharing and exchanges among different parties, and stimulate the reform and innovation of environmental tax policies.

目录

目录

1

我国环境税收政策概述

本章基于我国环境税收体系的视角，探讨了环境税收政策的功能和内涵、定位，梳理了我国环境税收政策的发展历程，并针对发展现状做出基本评价。

1.1 我国环境税收政策的功能定位

1.1.1 组织财政收入的功能

政府通过征税获取收入，为提供公共服务、满足社会公共需要和履行政府公共职能筹集资金。因此，税收是我国财政收入的主要形式，具有组织财政收入的功能。环境税收政策也体现了税收的财政收入职能，环境税既可直接用于环境基础设施建设等直接环境治理项目，提供环境服务和环境产品，同时也可作为政府一般收入，用于其他公共服务的建设和维护。此外，与资源环境保护相关的税种具有强制性、无偿性、固定性的特征，保证了国家财政收入的及时、稳定和可靠。

1.1.2 调节经济结构的功能

税收对经济的结构性调节指的是税收对国民经济各部门、社会再生产各个方面的构成及其相互联系性和相互制约性的调节。环境税制的建立有利于降低因资源价格扭曲而产生的效益，因此在调节经济结构和促进产业结构升级转型中，环境税收政策发挥着很大的调节作用。通过税收对产业盈利水平产生影响，在价格不变的情况下，征收环境税会使高污染产业的利润减少，从而限制高污染产业发展；对绿色产业实行税收优惠政策会增加其利润，从而鼓励绿色产业的发展。因此，依据污染程度针对不同的行业、产品制定不同的税收奖限政策和差别税率，可以引导行业和产品结构优化，推动我国经济可持续发展。

1.1.3 维护公平、提高效率的功能

在公平税负的前提下，环境税使社会每个公民公平地获得共用环境利益，相较于其他环境政策工具更具公平性。征收环境税，能够有效地促使企业内部成本外部化，将社会成本和个人成本相统一，有利于引导和促使企业理性分析环境与经济利益，减轻无污染企业税收负担，让价格机制正常发挥作用，从而促进企业间的公平竞争。此外，环境税收政策有利于同时提高宏观和微观经济效率（曹建波，2012）。一方面，环境税能够促进资源有效配置，从而促进宏观经济稳定增长；另一方面，环境税产生的成本负担能够促使污染者主动减少污染物产生，提高环保技术能力，降低环境监管成本。同时，环境税收政策的具体实行可依托现有的基本税收体系和征管制度展开，额外产生的税收成本相对较小，有利于提高税收效率。

1.1.4 促进环境保护的功能

开征环境税最直接的作用就是使污染者为避免税负增加而主动控制破坏性的生产行为，降低污染物的排放，减少“两高一资”产品的生产，提高绿色生产能力和水平，有效地减缓环境恶化的速度和改善生态环境质量。同时，税负的增加会导致“两高一资”产品价格上涨，在一定程度上抑制其市场需求，使相关企业主动降低产量，加快实现“两高一资”产业的转型升级。为减少经济利益的损失，污染者会不断推动技术革新以寻求减少污染的方法，甚至使污染物排放低于政府规定的标准，客观上会对全社会环保设备、环保技术的发展产生长足的、强烈的刺激与影响。

1.1.5 提高国民经济竞争力的功能

从微观层面来看，对污染企业征收环境税有利于迫使企业转向绿色产品的研发和生产，提高生产过程的绿色化水平，激发污染企业环保创新、技术升级的动力和积极性，同时缓解无污染企业的税收负担，促进企业公平竞争和国民经济健康可持续发展。从宏观层面来看，征收环境税有利于纠正市场经济价格机制对环境外部性的失灵，不仅可以淘汰高污染、高排放且经济效益低下的落后产业，实现产业转型升级，而且可以鼓励环保技术、环保产业的发展，促进绿色环保型的新能源、新技术、新工艺的应用。从长远看，可以改善经济运行机制，实现我国经济可持续发展，提高整个国民经济竞争力。

1.2 我国环境税收政策的发展历程

1.2.1 环境税收政策空缺（1949—1977 年）

1949 年 10 月 1 日中华人民共和国成立，面临的主要问题是人民群众的生存问题，生态建设并没有成为这一时期的发展战略，发展经济是当时的紧迫任务。在税收政策方面，改革开放前，为适应当时的政治形势需要，我国的税制变化较为频繁，主要的方向是将税制进一步简化。在税收理论上这一时期基本上承袭了“非税论”思想，贬低了税收的地位和重要性。与“非税论”的基本税收理论和主要思潮相适应，环境税收政策基本处于空缺状态。1950 年颁布的《货物税暂行条例》按产品类别设计税目和税率，对鞭炮规定税率为 20%，最直接的出发点是为了保证财政收入的需要。后来在 1953 年税制修正中将货物税部分演化为商品流通税，但其基本设计思想，尤其在考虑环境与资源保护等方面并没有太大变化。1958 年颁布的《中华人民共和国工商统一税条例（草案）》基本也是按产品类别设置税目、税率，在简化税制的指导思想下，工商统一税由原来的货物税、商品流通税、营业税和印花税合并而成，对矿产品扩大了征收范围，也提高了税率，但其主要意义在于随着矿产品开发量的增加，这种税制有利于提高税收收入，在当时计划经济的条件下对节约使用矿产资源的实际意义并不大。值得一提的是，当时从“使税收充分发挥促进生产的作用”的角度考虑，在工商统一税的减免税规定中出现了关于对利用废品做原料生产的产品进行减税、免税的办法。但总体来看，在改革开放前以简化税制为主的历次税改中，基本没有考虑环境或资源因素。

1.2.2 环境税收政策初步显现（1978—1993 年）

1973年8月召开了第一次全国环境保护会议并审议通过了我国第一份环境政策文件——《关于保护和改善环境的若干规定（试行草案）》，该规定提出了环境保护设施必须与主体工程同时设计、同时施工、同时投产。1979年公布试行《中华人民共和国环境保护法（试行）》，标志着我国的环境保护工作走上法制化。1983年12月召开第二次全国环境保护会议，将环境保护确定为基本国策。1984年5月国务院颁布了《关于环境保护工作的决定》，1987年9月颁布了《中华人民共和国大气污染防治法》（以下简称《大气污染防治法》），构建了大气污染防治的法律体系。1989年4月我国召开了第三次全国环境保护会议，明确提出环境保护的“预防为主、防治结合”“谁污染、谁治理”“强化环境管理”三大政策和八大制度。

在税收政策方面和税收理论方面突破了“非税论”、单一税的束缚，明确了社会主义税收存在的客观性、采用复税制的合理性、对国有企业征税的必要性等，税收制度也经历了具有里程碑意义的重大税制改革，即“两步利改税”方案的实施及 1984 年工商税制全面改革，确立了适应社会主义有计划的商品经济发展需要的多税种、多层次的复税制体系，发挥了多环节的调节作用。此外，1980 年 9 月颁布实施了《中华人民共和国中外合资经营企业所得税法》，1982 年实施了《中华人民共和国外国企业所得税法》，1991 年，将《中华人民共和国中外合资经营企业所得税法》与《中华人民共和国外国企业所得税法》合并为《中华人民共和国外商投资企业和外国企业所得税法》，建立了统一的涉外企业所得税制度。这一阶段，环境税收政策在流转税、所得税中都开始显现，并且开征了资源税，对开采石油、天然气和煤炭的企业开征资源税，征收基数是销售利润率超过 12%的部分。

1.2.3 环境税收政策框架基本形成（1994—2002 年）

改革开放以后，我国各地区经济快速发展，经济体制经历了由计划经济向有计划的商品经济的转型，但是生态环境日益恶化，政府和人民群众逐渐认识到自然生态环境的承载力是有限的，要实现可持续发展必须采取行动保护生态环境。

1994—2002 年，我国环境政策发展较快，从 2000 年开始，我国实施西部大开发战略，相继出台了一系列环境保护政策，推动西部地区的经济发展。2000 年 9 月，国务院出台《关于进一步做好退耕还林还草试点工作的若干意见》，同年 11 月又颁布了《全国生态环境保护纲要》。2002 年，党的十六大提出了加强生态环境保护、实施可持续发展战略。同年，颁布《中华人民共和国环境影响评价法》，通过控制特定的项目或领域来优化环境质量目标。

在税收政策方面，以消费税、资源税相关政策为约束性手段，增值税、所得税相关政策为激励性手段的环境税收政策格局基本形成。1992 年党的十四大提出了建立社会主义市场经济的经济体制改革目标，我国经济体制改革进入新的阶段，要求税收制度适应市场经济的内在需要。1994 年，以“统一税法、公平税负、简化税制、合理分权，理顺分配关系，保障财政收入，建立符合社会主义市场经济要求的税制体系”为指导思想，我国启动了中华人民共和国成立以来规模最大、范围最广、内容最深刻、力度最强的工商税制改革，初步实现了税制的简化、规范和高效统一。1994 年税制改革在我国税制改革历史上是一次具有重要意义的改革，其意义不仅在于为配合整个经济体制改革、适应市场经济体制的要求对当时的税制进行全面性和结构性的改革，而且从体现环境保护思想的角度来看，与以前的税制改革相比，开始比较主动地将税收用于对资源和环境的保护，尽管它还是相当初步的。1994 年税制改革增加了关于利用税收促进资源利用和保护环境的条款，在此基础上，后续又对环境税收政策做出了一系列补充规定，使之不断细化。1994 年税制改革以及之后的补充规定，形成了我国环境税收政策的基本格局。

1.2.4 环境税收政策的调整与深化运用（2003 年至今）

2003 年，党的十六届三中全会提出了生态、社会、经济全面和谐发展的目标，同年《中华人民共和国清洁生产促进法》（以下简称《清洁生产促进法》）开始实施，标志着我国环境政策步入全过程控制的新时期。2007 年，党的十七大报告提出经济增长的资源环境代价过大，并首次提出在全社会牢固树立生态文明观念，建设生态文明。2012 年，党的十八大报告更加明确地提出了把生态文明建设融入经济、政治、文化、社会建设各方面和全过程，纳入国家“五位一体”总体布局。2015 年 1 月 1 日起实施新修订的《中华人民共和国环境保护法》（以下简称《环境保护法》）。2017 年，党的十九大报告要求贯彻“创新、协调、绿色、开放、共享”的发展理念，坚持人与自然和谐共生，提出建设美丽中国的重大目标任务，要求着力解决突出问题。

在税收政策方面，2003 年以后，环境税收政策的运用从理论研究到政策实施都得到了前所未有的重视，环境税收政策进入调整和深化运用阶段。2003 年，党的十六届三中全会提出科学发展观，建立科学的财税制度成为践行科学发展观的必然要求，在坚持“简税制、宽税基、低税率、严征管”新一轮税制改革基本原则的同时，建立科学的财税制度成为税制改革重要的目标导向，如何使税收制度在适应社会主义市场经济基本要求的基础上进一步科学化，进一步支持经济结构转型，使经济社会能长期健康可持续发展，对税制改革提出了新的更高的要求。国务院印发的《国家环境保护“十一五”规划》提出，在资源税、消费税、进出口税改革中充分考虑环境保护要求，探索建立环境税收制度，运用税收杠杆促进资源节约型、环境友好型社会的建设。党的十八届三中全会通过的《中共中央关于全面深化改革若干重大问题的决定》指出，加快资源税改革，推动环境保护费改税。这一时期运用税收工具保护环境的思想在税制改革与完善的过程中得到进一步重视，增值税政策进一步完善，企业所得税优惠政策已具备显著的促进环境保护的导向，提高部分应税产品的资源税税负，资源税计征方式改革逐步全面推开。除在原有制度框架下的调整与完善以外，2016 年 12 月第十二届全国人大常委会第二十五次会议通过了《中华人民共和国环境保护税法》（以下简称《环境保护税法》），并于 2018 年 1 月 1 日起施行，标志着我国更为完善的环境税收体系的建立。

在可持续发展观、科学发展观引领下，经过 40 年的发展、演变，我国形成了由增值税、所得税的激励性环境税收政策以及环境保护税、资源税、消费税、车船税等约束性环境税收政策构成的环境税收体系（高萍，2017）。

1.3 我国环境税收政策体系内涵和定位

1.3.1 我国环境税收政策体系内涵

经过 1994 年工商税制全面改革和多年的逐步完善，我国建立了适应社会主义市场经济体制需要的多税种、多次征、主次分明的复合式税收体系，主要有四大类：流转税类，包括增值税、消费税和关税等；所得税类，包括个人所得税和企业所得税；资源环境税类，包括资源税、环境保护税等；财产行为税类，包括房产税、城镇土地使用税、土地增值税、耕地占用税、契税、城市维护建设税、印花税等。在建立环境税收体系之前，我国税制在对商品与劳务所得等课以较高税收的同时，对环境污染和资源消耗等行为不征税或征低税，使税制未反映商品和劳务的环境成本，抬高了应鼓励的经济行为（如投资、劳动等）的价格，对污染环境等应该限制的经济行为则保持低价格（高萍，2005）。近年来，我国不断推进生态文明建设，加大环境污染治理和生态保护力度，充分发挥税收政策的长效调节作用，在我国原有税收体系的基础上，逐步进行税制的绿色化改革，构建起以环境保护税为核心，以资源税、消费税、增值税、企业所得税、车船税、车辆购置税等税种绿色化为辅助，涵盖资源开采、生产、流通、消费、排放五大环节 7 个税种的环境税收体系，有利于进一步优化我国税制结构，推动税制体系的生态文明建设，助力经济高质量转型和美丽中国目标的实现。

我国新时代环境税收政策体系构成见图 1-1。

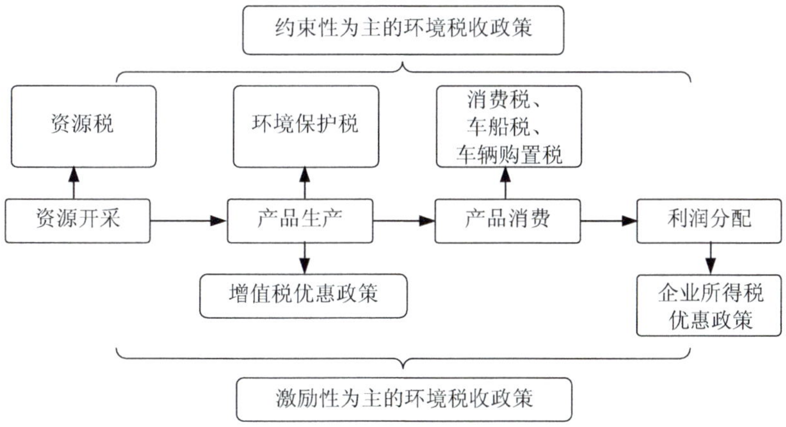

图 1-1　我国新时代环境税收政策体系构成

1.3.2 减税降费背景下环境税收政策的定位

近年来，我国宏观税负逐年提高，2017 年我国狭义宏观税负为 17.5%，明显高于俄罗斯、印度、巴西等新兴经济体，广义宏观税负高达 27.6%，已和大部分发达经济体相差无几，这说明我国非税费用负担压力较大。从 2017 年数据可知，我国税负水平具体体现在三个方面：一是我国整体税负偏重，企业纳税占税收总额的比重超过 80%，而欧美发达国家企业税收占比普遍在 40%～50%。二是间接税比重大，以增值税、消费税为代表的间接税占总税收比重达到 60%，发达国家一般在 50%以下。三是居民税收负担尚可，我国个人所得税占 GDP 比重仅为 1.4%，低于拉美新兴市场国家的比重，个人所得税占税收比重为 7.7%，不及美国比重的 1/5，也低于拉美新兴市场国家的比重。此外，个人所得税占人均可支配收入的比重为 2.9%，远低于主要发达国家 10%的平均水平，但由于向企业征收的间接税部分会转嫁给居民，个人所得税增速远超居民收入增速，因此居民实际感受税负并不轻（姜超，2018）。

面对较大的宏观税负压力，为了更好地推动国民经济健康发展，我国持续推进减税降费措施，推动税收减免和取消或停征行政事业性收费。2018 年 9 月国家税务总局印发《关于进一步落实好简政减税降负措施更好服务经济社会发展有关工作的通知》（税总发〔2018〕150 号），强调要落实各项简政减税降负措施。2019 年我国推出一系列减税降费政策，如个人所得税改革、小微企业普惠性税收减免、深化增值税改革和降低社会保险费率等，减税效果显著。2019 年全年实现新增减税降费超过 2 万亿元，此外，狭义宏观税负不仅保持了近年来逐年下降的趋势，而且骤降至 15.9%，大大低于 2011—2015 年平均 18%的水平，比 2018 年的 17%下降了 1.1 个百分点，降幅为 6.5%，是近年来降幅最大的一年。

在减税降费背景下，环境税收政策应坚持其发挥调节和引导作用的功能定位。减税降费和环境税收政策有着相辅相成的作用，一方面，激励性的环境税收政策在一定程度上减轻了环保产业的税收负担；另一方面，在减税降费的政策驱动下，环境税收政策更能发挥双重红利作用，不仅能够有效地抑制污染，改善环境质量，而且可以通过税收转移，在削减具有扭曲效应的税收负担的同时，增加资源环境税收，从而提高税收制度效率，提高社会福利水平。因此在环境税收政策的制定过程中应继续从纳税人、征税范围、税率以及税收优惠政策体系等全方位进行优化，结合透明、公开的返还机制，切实体现环境税收的公平性，减轻无污染企业税负，发挥税收优惠政策的激励作用，鼓励企业提高节能环保生产的能力和水平，推动落后产业转型升级，更好地实现环境税收政策的绿色效应和经济效应。

1.4 我国环境税收政策现状的基本评价

1.4.1 约束性环境税收政策和激励性环境税收政策并存

1994 年至今，我国逐步形成了包含消费税、资源税、车船税和限制“两高一资”产品的进出口税收政策的约束性环境税收政策，运用范围逐步扩大，作用力度逐步加强。随着环境保护税的开征以及消费税征税范围的逐步扩大，对不同污染型产品采取差别税率的设计，发挥调节功能的作用越来越突出。矿产资源的开发环节，也经历了第一代资源税的建立、第二代资源税的建立与改革，资源税征税范围由最初的石油、天然气和煤炭扩大到所有矿产品和水资源，税率多次调整，从 1984 年产品税到现行增值税和企业所得税，从最初对“三废”产品给予减免税收的优惠到现在以资源综合利用、废旧物资回收、清洁能源、环保产品及服务为主要激励对象，初步形成了由增值税、企业所得税相关政策条款构成的环境税收激励政策体系，并逐步趋于规范化。

1.4.2 专门性税种和一般性税种并存

2018 年我国开始实施《环境保护税法》，环境保护税与资源税等专门性税种共同发挥保护环境、促进节能减排的作用。此外，增值税、企业所得税、车船税等相关税收政策也体现了循环经济理念，旨在通过“减量化、再利用、再循环”的方式系统地避免和减少在经济过程中产生废物。我国逐渐形成了专门性税种和一般性税种共同发挥作用的环境税收体系。

1.4.3 环境税收手段介入企业生产经营的多个环节

现行环境税收政策分布于企业生产经营各个基本环节，在资源开采—产品生产—产品消费—利润分配等诸环节发挥引导作用。资源税主要作用于资源开采环节；环境保护税与增值税主要作用于企业的生产环节，环境保护税对企业生产过程中排放的应税污染物进行调节，增值税引导企业对产生的废弃物进行资源综合利用；消费税主要对应税产品消费进行调节；企业所得税在利润分配环节以激励的方式从多方面鼓励纳税人从事环保产业，增加环保投入。

1.4.4 政策之间的协同性逐渐显现

我国现行税制体系是多环节课征的复税制体系，共 18 个税种，包括主体税种和辅助税种。环境税收政策如何安排，在不同税种之间如何协同，会影响政策的效果。此外，环境税收作为环境管理的重要手段之一，如何与其他环境手段协同，也对政策之间形成合力至关重要。环境税收政策体系在发展过程中，政策之间的初步协同性逐渐显现，如增值税以激励资源综合利用为主，2008 年企业所得税改革增加了鼓励资源综合利用的优惠政策；小汽车消费税按排气量大小划分税率，2011 年车船税改革调整为按排气量大小划分税率区间等。此外，税收手段与其他环境管理手段配合也开始显现，如对受到环保行政处罚的纳税人一定期限内取消其享受资源综合利用即征即退优惠资格等。

2

环境保护税政策

本章对环境保护税政策的实施进展进行总体分析，并对环境保护税的减碳效果、污水处理厂环境保护税政策、环境保护税征收范围扩围等方面进行了专题分析。

2.1 实施进展

2.1.1 目前进展

2018 年 1 月，我国首部《环境保护税法》正式施行，对大气污染物、水污染物、固体废物和噪声四大类污染物、共计 117 种主要污染因子进行征税。2019 年全年环境保护税收入 221 亿元，同比增长 6.8%。排污单位纳税遵从度逐步提高，环境保护税纳税人户数和收入均逐渐递增。从大气污染物、水污染物、固体废物、噪声四大类污染物环境保护税占比来看，基本上与实行排污费时的占比保持一致，大气污染物征税占比为 90%左右。从收入结构看，体现出“三个集中”特征：一是收入集中来自大气污染物；二是收入集中来自污染防治任务重且税额标准高的地区；三是收入集中来自重点排污行业。从实际效果来看，环境保护税“多排多征、少排少征、不排不征”的特点显著增强了企业的减排意愿，促进了企业污染物集中处理和开展清洁生产的积极性，从而有助于生态环境的持续改善。

2.1.2 实施效应

征收环境保护税的首要目的是促进企业污染治理，减少排放。虽然排污费实施几年后也逐渐将政策目标向调节企业行为方面调整，但是由于环境保护税的法律刚性更强，很多地方税率也相对更高，再加上减税优惠比排污费增加了一档，因此环境保护税在激励企业污染减排方面相比排污费显现出了更强的作用，环境保护表现优的企业也能获得更多实惠（龙凤，2019 b）。

从宏观层面上说，国家或地区污染物排放量的减少是多种政策因素共同作用的结果，很难将环境保护税的作用直接定量分离出来。选取污染物排放中排放量较大的三类污染物（二氧化硫、氮氧化物、烟尘）作为代表，依据三类污染物在排污费改为环境保护税前后（选取 2017 年第一季度到 2019 年第二季度）的排污费与环境保护税的收入和对应排放量的变化情况，采用双重差分的方法进行计量分析。其中，以 2018 年上调污染物税率的 16 个省（自治区、直辖市）为实验组，未上调污染物税率的 14 个省（自治区、直辖市）为对照组。分析发现，实验组和对照组的工业污染物排放量均有所下降，对照组的下降速度快于实验组的下降速度，说明环境保护税对污染减排具有显著效果，但是在不同地区存在差异。对照组的观察样本多集中在西部地区，本身污染减排潜力相对较大，排污费改税增加了制度的法律刚性和征管力度，表现出了更为明显的政策效果。而实验组的省份多为中东部地区，经济相对较好，排污费改税对污染减排存在促进作用，但是实验组地区边际减排成本相对更大，因此表现出的政策效果没有对照组明显。排污费改税政策的污染治理效果不只是由部分城市提高税率推动的，而是由法律刚性、征收机构、征收力度等因素的改变共同推动的。

从企业微观层面来看，环境保护税与污染物减排的关系比对较为直接。例如，某钢铁集团每月产生大约 30 万 t 冶炼废渣，近年来投资 3.75 亿元引进国内最大的冶炼渣立磨设备，对冶炼废渣进行综合利用，在降低固体废物排放、节省大量矿产资源的同时，新材料的生产销售也为企业增加了不小的收益。如果冶炼废渣没有合规处理，企业每个月大约要缴纳 750 万元环境保护税，现在不但这笔钱省了，还能额外增加收入 7 000 万元。某大型燃煤发电企业 2018 年缴纳的环境保护税款达到 1 190 万元，为了实现少排少缴，企业投入 373 万元用于污染治理，对生产设备、环保设备进行改造和提升，大气污染物的产生量大幅减少。根据《环境保护税法》的规定，该企业将少缴约 396.81 万元税款，相当于已经收回了环保投资成本，如果继续改进工艺，排污量的减少使环境保护税减少，再加上减税优惠，则一年将只需缴纳 400 万元左右的环境保护税。某包装材料有限公司投资 2 500 万元完成了烟气提标改造，实现了二氧化硫、氮氧化物等主要污染物排放浓度值低于当地规定的污染物排放标准的 50%，从而享受到了减半税收的优惠，2018 年上半年应缴纳环境保护税 87.28 万元，享受减免后实际缴纳 45.62 万元，与 2017 年全年缴纳 244 万元的排污费相比，平均一个季度可少缴 38.19 万元，平均降幅达到 63%。燃气项目改造后，二氧化硫年排放量将从之前的 190 t 降至 10 t 以下，企业还可以享受更大力度的减税优惠。

2.1.3 存在的问题

2.1.3.1 国家层面事权实施情况与存在问题

（1）排污系数尚不能完全满足征管需要。《环境保护税法》规定由国务院生态环境主管部门制定环境保护税计算所需的排污系数和物料衡算方法，2017 年 12 月环境保护部印发《关于发布计算污染物排放量的排污系数和物料衡算方法的公告》，规定了纳入排污许可管理的火电等 17 个行业污染物排放量计算方法以及未纳入排污许可管理的锡矿采选等行业污染物排放量计算方法。但是，排污系数和物料衡算方法覆盖的行业范围和污染物种类依然不能完全满足环境保护税征管的需要。在实际征管中，不少税务机关和纳税人反映排污系数亟待更新完善，目前排污许可制覆盖行业之外的行业环境保护税计算所需的排污系数是根据第一次全国污染源普查成果确定的，覆盖的行业、工艺不全，或者末端治理技术落后，有待更新，不能合理地反映目前的生产工艺和污染治理技术。对于没有发布排污系数的行业，各地抽样测算方法存在较大差异或者完全缺失的情况。

（2）复核细则不明确、执行障碍大。《环境保护税法》规定了税务机关发现纳税人的纳税申报数据资料异常或者纳税人未按照规定期限办理纳税申报的，可以提请生态环境主管部门进行复核。环境保护税复核是环境保护税征管流程中的法定环节，但目前国家层面仍然没有对复核工作的操作规范、文书范本、工作流程等做出统一规定。地方税务机关在提请复核的尺度和流程上差异很大，给环保部门工作带来很多困扰。生态环境部门的“三定”方案没有对环境保护税的相应职责做出具体规定，各地承担复核工作的部门和人员不明确，导致部分地方生态环境部门可能存在反馈复核意见滞后的现象。

（3）涉税信息共享平台建设仍显滞后。《环境保护税法》规定环境主管部门和税务机关应协同建立涉税信息共享平台，但目前涉税信息共享平台建立进展缓慢，虽然各地已经完成了相应软硬件搭建，但是数据标准化滞后，造成多个省份尚不能及时传递一项或多项数据。而除排污许可证信息传递较为便捷外，监测、处罚等数据尚未全部完成标准化处理，暂无法实现常态化的数据共享，部分地区只能采取 U 盘、光盘方式来移交和共享相关数据。

2.1.3.2 地方层面事权实施情况与存在问题

（1）大部分省份未明确其他固体废物的征收范围。《中华人民共和国环境保护税法实施条例》规定“其他固体废物”的具体范围由地方人民政府确定。根据《重庆市环境统计公报》数据，2015—2017 年，重庆市一般工业固体废物中脱硫石膏、磷石膏、赤泥及工业污泥年均产生量分别为 205 万 t、230 万 t、25 万 t 和 25 万 t，对环境危害极大。2019 年，综合考虑其他固体废物的环境危害程度、税收征管工作基础等情况，2019 年 8 月 2 日，重庆市第五届人大常委会第十一次会议表决通过《关于重庆市环境保护税其他固体废物具体范围的决定》，明确其他固体废物的具体范围包括脱硫石膏、磷石膏、赤泥、工业污泥。然而，除重庆之外，其他省份还没有明确其他固体废物的具体征收范围。

（2）部分地区环境保护税额标准无法反映环境质量改善需求。《环境保护税法》规定，大气污染物每污染当量税额为 1.2～12 元，水污染物每污染当量税额为 1.4～14 元。我国近一半省份，如内蒙古、辽宁、江西、陕西等省（区）均按照最低标准征收环境保护税，即大气污染物每污染当量税额为 1.2 元，水污染物每污染当量税额为 1.4 元。根据

2019 年各地区空气质量优良天数比例与主要大气污染物税额对比（图 2-1）和各地区地表水Ⅰ～Ⅲ类水质断面比例与主要水污染物税额对比（图 2-2）可知，各地税额与环境质量总体而言相对匹配，环境质量高的地区税额相对较低。但是，部分地区的税额仍有提升空间，如山西省 2019 年空气质量优良天数比例为 63.56%，在全国 31 个省（自治区、直辖市）中排名倒数第五，但是其大气污染物每污染当量税额仅为 1.8 元，在全国处于较低水平。同样，辽宁、吉林、内蒙古、山西、山东等省（区）地表水优良比例较低，水环境质量较差，但是其水污染物每污染当量税额仍然较低，与环境质量改善需求不相匹配。

（3）部分地方抽样测算方法基本照搬排污费相关文件，系数和方法过时。《环境保护税法》规定由省（自治区、直辖市）人民政府生态环境主管部门制定抽样测算方法。多个省份在《关于排污申报与排污费征收有关问题的通知》的基础上制定和发布了畜禽养殖业、医院、饮食娱乐服务业和部分小型第三产业的环境保护税计算所需的抽样测算系数，却没有根据当地实际情况予以修改和补充完善。近年来，我国环境污染情况和污染防治技术变化速度较快，所以相应的环境规制也应及时更新完善。

（4）各省同一排放口应税污染物项目数采用标准较低。《环境保护税法》规定，省（自治区、直辖市）人民政府可根据自身情况增加同一排放口应税污染物项目数量，但目前来看，各省（自治区、直辖市）按照《环境保护税法》的基本要求只对同一排放口下前三项污染物（大气污染物、水污染物、固体废物）进行征税，亟须进一步加强相应的跟踪、研究和测算工作，保证相应应税污染物数据的精准。

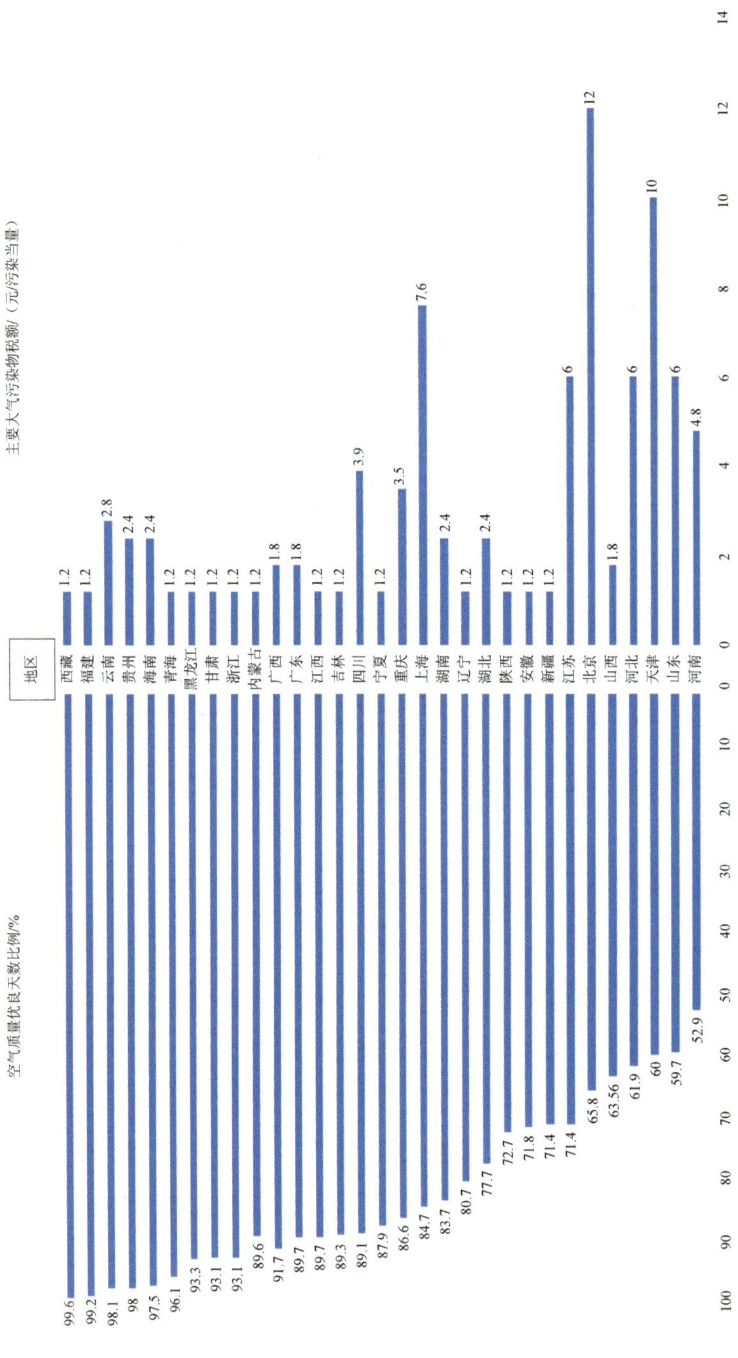

图 2-1 2019 年各地区空气质量优良天数比例与主要大气污染物税额对比

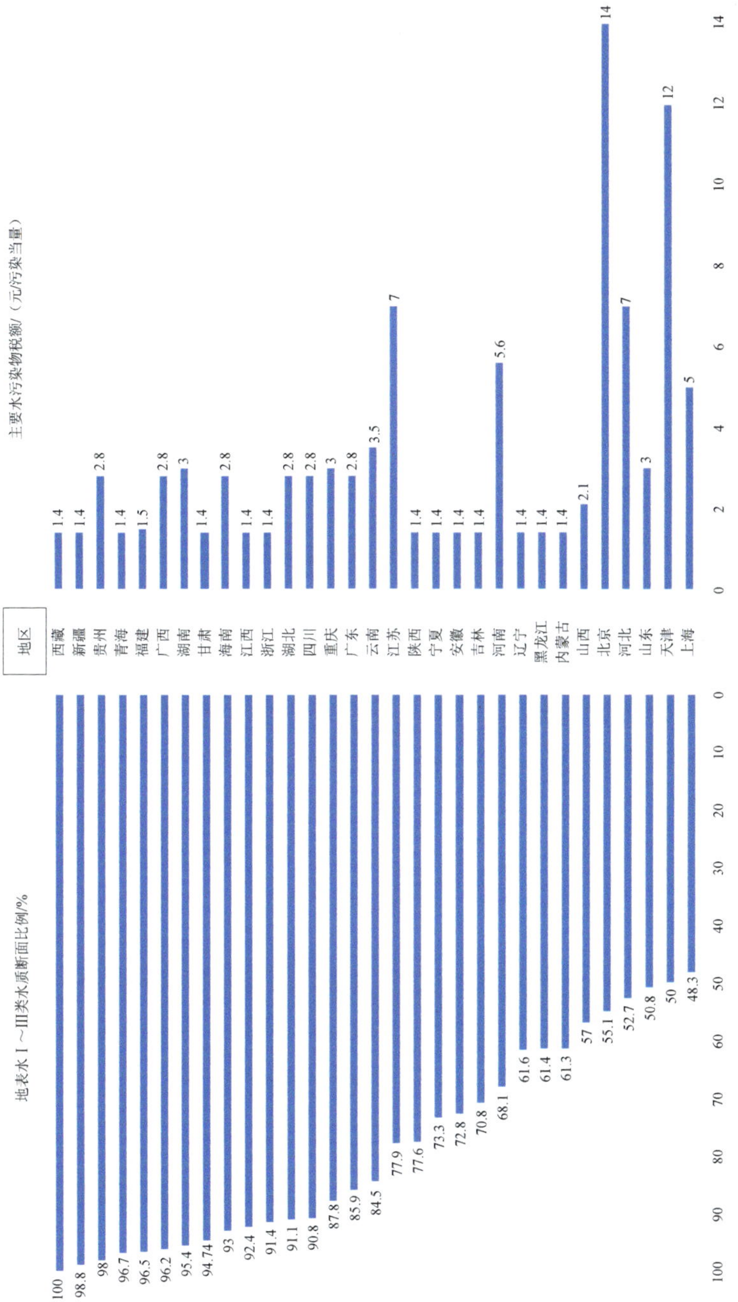

图 2-2 2019 年各地区地表水Ⅰ～Ⅲ类水质断面比例与主要水污染物税额对比

2.1.4 建议

2.1.4.1 生态环境主管部门和税务主管部门积极协调推进环境保护税征收管理

（1）根据第二次全国污染源普查结果，完善排污系数和物料衡算方法及其所适用的行业和污染物范围，为环境保护税收计税核算依据提供更加全面、科学的技术规范和支撑。

（2）明晰环境保护税复核办法，做到“有理可依、有据可循”。明确复核规范、工作流程及文书格式等具体操作事项。收集并统计环境保护税征收相关人员在复核工作中遇到的问题，结合各地区异常数据案件具体情况，确定异常数据的量化标准。

（3）推动地方加快完善涉税信息共享平台建设，提供必要的支持和指导。国家相关部门应定期跟踪调度各地涉税信息共享平台建设情况，抽查、监督各地平台建设或使用情况，对地方遇到的问题和需求及时提供必要的技术指导和资金支持，并定期组织召开交流研讨会，分享经验。

2.1.4.2 地方政府应积极保障《环境保护税法》进一步实施

（1）按照《环境保护税法》的授权明确其他固体废物的具体征税范围。各省（自治区、直辖市）应充分承担《环境保护税法》赋予的事权，根据当地资源禀赋和环境质量，编制其他固体废物名录。将对环境影响较大的工业固体废物，如脱硫石膏、磷石膏、赤泥、工业污泥以及除危险废物之外的化工废渣等其他固体废物纳入征收范围（李庆生，2019），提升环境保护税征收管理的针对性和有效性。

（2）建议有关省份根据环境质量和污染物排放情况，调整应税污染物税额标准。目前，我国环境保护税税额最低标准远低于污染排放实际造成的损失，但是多个省份的税额采取最低标准或略高于最低标准，其中不乏环境状况较差的地区。这些省份应充分考虑当地环境承载能力、经济情况及环境质量，开展科学研究，选择适宜的税额及应税污染物项目数量。

（3）扩大污染物监测装置适用范围，完善抽样测算方法。投入专项资金，加大环境监测装置研发力度，提高其监测适用性，确保监测装置可运用到更多排污点。提高排污监测装置的精确度，更精准地识别同一排放口下不同的污染物浓度及其排放量。在抽样测算方面，应组织专业人员评估目前测算方法的适用范围、可行性和准确性，并针对具体行业的抽样测算方法进行完善。

2.2 环境保护税的减碳效果分析

环境保护税实施以来，企业通过技术和管理创新，降低了污染物排放浓度，获得了低于排放标准所应享受的税收减免。这也印证了环境税对污染减排的激励作用（张伊丹等，2019 a）。目前《环境保护税法》没有二氧化碳税目，尚不能直接对企业二氧化碳排放征收环境保护税。那么，目前环境保护税对企业二氧化碳减排是否有促进作用呢？为此，本书构建了环境保护税促进二氧化碳减排的分析框架，利用 CGE 模型分析验证环境保护税对企业二氧化碳减排的影响。

2.2.1 分析框架

环境保护税是根据庇古解决外部性的思路，利用市场来促进企业减排的一种经济手段，已经在环境管理中得到广泛应用。经济合作与发展组织（OECD）中发达国家从 20 世纪六七十年代开始就运用市场手段促进企业减排，目前已经形成了以二氧化硫税、氮氧化物税等污染排放税，道路和油品环境税为主要形式的环境税收体系（OECD，2006；王金南、葛察忠等，2006；王金南等，2015）。

OECD 对环境税政策进行了全面、系统的研究，梳理和分析了 OECD 国家环境税收政策实施情况，从环境税定义、分类、应用总体情况、各国环境税经验、环境税影响等方面进行了分析。OECD 将环境税定义为与环境有关的税收。一份研究报告（OECD，2001）认为几乎所有 OECD 国家都实施了与环境有关的税收，有些已经开始实施绿色财税改革，而有些仍在思考中，主要担忧的是环境税会影响行业竞争力。一些机构和学者在环境税对 GDP、个人收入、企业效益、贸易和社会公平等影响方面做了分析（OECD，2006），但是目前还没有看到环境税对二氧化碳减排影响的研究。这可能与研究主题的局限有关，环境税对应污染减排，而碳税或者二氧化碳税对应温室气体减排等，没有同时考虑环境税对污染物减排和二氧化碳减排的影响。

中国从 20 世纪 90 年代末开始进行环境税研究，借助当时国家环境保护总局和 OECD 环境署的环境税收政策对话项目，王金南等（2006）运用 OECD 税收绿色化分析框架对中国税收绿色化进行了研究，得出中国税制有一定的绿色，但还有改进空间，提出了税收绿色化政策建议。之后许多学者对中国环境保护税的设计和实施提出了许多好的建议（葛察忠等，2019）。这些研究直接或间接地推动了我国的排污费改税，促进了 2018 年《环境保护税法》的实施。

部分学者针对 2018 年实施的环境保护税进行了后续跟踪研究。一些学者分析了环境保护税的税率水平、地区差异和环境保护税对创新的影响等（张伊丹等，2019a，2019b，2019c）。很多学者分析了环境保护税征管的问题，提出了如何更好地实施环境保护税的建议（陈会娟，

2019；陈阵，2019；程泉等，2019；方堃，2019；路世昌等，2019；孙笑，2019）。也有一些学者研究了环境保护税的征收对不同行业企业的影响，并提出针对性的建议（林思宇等，2018；卢少华，2018；常宏帅，2019；郝旭东等，2019；潘文琦等，2019；沙桐宇等，2019），但仍缺乏环境保护税对二氧化碳减排影响的相关研究。

中国是《联合国气候变化框架公约》的缔约方，早在 1992 年就签署并通过了《联合国气候变化框架公约》，制定并实施了国家行动方案，积极参与《巴黎协定》的讨论和达成。中国非常重视二氧化碳减排工作，提出了自己的二氧化碳控制目标和措施，通过加快转变经济发展方式，调整产业结构和能源结构、节约能源提高能效、增加碳汇等多种途径控制温室气体排放。中国完成了“十一五”规划提出的节能目标，2010 年单位国内生产总值能耗比 2005 年累计下降 19.1%，相当于少排放二氧化碳 14.6 亿 t，同时也为大气污染物减排做出贡献（中国国务院新闻办公室，2011）。针对工业大气污染物减排和二氧化碳减排的协同研究结果表明，两者协同减排水平在 0～1，处于正向协同水平（牛彤，2019）。

根据经济学理论，只要税率适度，环境保护税对污染物减排的作用就是正向的（图 2-3）。环境保护税一是可以促进从源头改进能源和资源使用，减少污染物排放；二是可以促进企业进行工艺技术创新，进行过程控制，促进减排；三是可以促使企业上马污染治理设施，进行末端治理，促进污染物减排。这三种选项中，源头控制和过程控制不仅可以减少污染物排放，而且可以减少二氧化碳排放，达到协同减排的目的；末端治理可以减少污染物排放，但是由于上了设施，需要投入能源，可能会增加二氧化碳排放。因此，征收环境保护税后，最终污染物减排效果可能会大于二氧化碳减排效果。

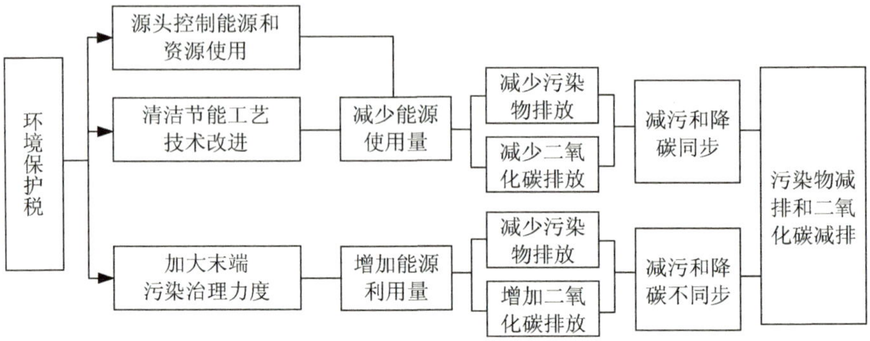

图 2-3 环境保护税与污染物减排和二氧化碳减排的关系分析

2.2.2 减排关系的计量分析

这里将根据我们承担的一些环境税研究课题成果，特别是 2012 年度国家社科基金重点项目——“中国环境税政策设计与效应研究”（12AZD040）成果（王金南等，2015），进行整理分析。

2.2.2.1 计量模型和税率选择

本研究基于 GREAT-E 模型的静态版本建立了中国环境税 CGE 模型（图 2-4），该模型是根据新古典静态 CGE 模型改进而来的，已在一些研究中得到应用（秦昌波，2013）。模型假定一种商品只能被一个生产者所生产，模型中采用多层嵌套的 CES 函数来描述生产要素之间的不同替代性。在第一层，最终产出由合成中间投入和合成要素禀赋的组合决定，采用 CES 函数来描述其替代性。在第二层，合成中间投入采用 Leontief 函数对各部门中间产品的需求进行描述；而要素禀赋合成束采用 CES 函数描述排放活动和资本-劳动力合成束的组合。在第三层，各种商品采用 Armington 模型来描述进口商品和国内商品之间优化组合的过程。各种污染物排放和二氧化碳排放活动采用 Leontief 函数描述；资本-劳动力合成束采用 CES 函数描述劳动力与资本-资源合成束之间的替代性。在第四层，资本-资源合成束由资源与资本的组合决定，采用 CES 函数描述其替代性。生产中各种要素间可替代的程度取决于它们的替代弹性和在基准年生产过程中的份额。模型中采用 CET 模型来分解商品的最终产出。在第一层，采用 CET 模型将总产出分解为各种商品的最终产出。在第二层，采用 CET 模型来描述各种商品在国内市场和国外市场之间进行优化分配的过程。在模型设计时，模型引入污染物排放和资源能源消耗的物理量作为这种要素的数量，其价格就是拟开征的环境税税率。

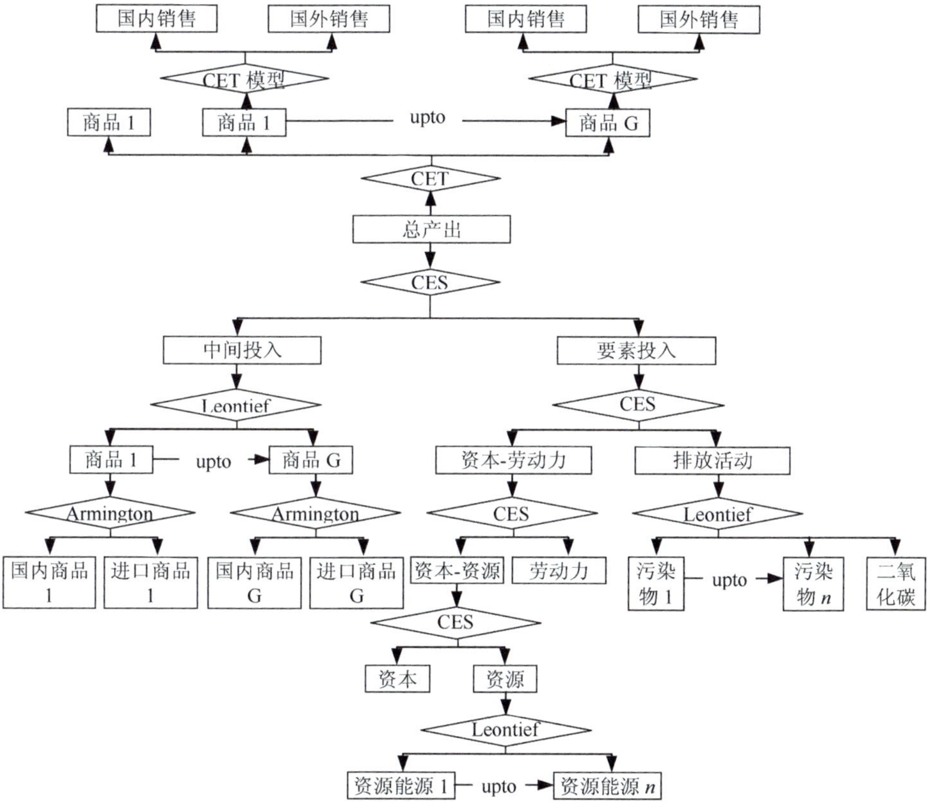

图 2-4　GREAT-E 模型的基本结构

资料来源：王金南等，2015。

尽管现行的《环境保护税法》规定大气污染物每污染当量税额为1.2～12 元，水污染物每污染当量税额为 1.4～14 元，而且每个大气排污口需要征收污染物当量数最大的三种污染物，每个水排污口需要按照污染物类别对一类污染物征收当量数最大的五种污染物，对其他类污染物征收前五种污染物。但是为了方便起见，我们以国家重点控制的四种污染物作为情景设计（表 2-1）。

表 2-1 环境保护税税率情景方案

子税目	低税率	中税率	高税率
化学需氧量/（元/kg）	1.4	4.2	5.6
氨氮/（元/kg）	1.75	5.25	7.0
二氧化硫/（元/kg）	1.26	3.78	5.04
氮氧化物/（元/kg）	1.26	3.78	5.04

注：表中的税率与《环境保护税法》中的税率有一定差异，为了便于比较分析仍保持原来研究中的税率和情景。

低税率情景：对化学需氧量（COD）、氨氮、二氧化硫和氮氧化物四种污染物排放每千克分别征收 1.4 元、1.75 元、1.26 元和 1.26 元；

中税率情景：对化学需氧量、氨氮、二氧化硫和氮氧化物四种污染物排放每千克分别征收 4.2 元、5.25 元、3.78 元和 3.78 元；

高税率情景：对化学需氧量、氨氮、二氧化硫和氮氧化物四种污染物排放每千克分别征收 5.6 元、7.0 元、5.04 元和 5.04 元。

2.2.2.2 污染物减排和二氧化碳减排的关系

CGE 模型模拟结果显示三种情景均具有减少污染物和二氧化碳排

放的效果，说明环境保护税不仅能减少污染物排放，而且能够减少二氧化碳排放，具有协同减排效果（表 2-2）。三种情景中，随着税率提高，污染物减排率和二氧化碳减排率显著提高，说明税率对减排具有正向促进作用。高税率情景下，不仅四种污染物减排效果明显，二氧化碳排放量也减少了 0.17%。这主要是因为污染物排放量大的行业往往也是能源消耗和二氧化碳排放量大的行业，特别是大气污染物和二氧化碳排放都与能源消费有密切关系，对一种排放物征税往往能够影响这个行业的生产成本，从而促进生产行为的改变，进而改变其他排放物排放量的下降。

表 2-2　环境保护税征收的协同减排效益　　单位：%

税率情景	化学需氧量	氨氮	二氧化硫	氮氧化物	二氧化碳
低税率	−0.04	−0.04	−0.03	−0.03	−0.02
中税率	−0.19	−0.18	−0.17	−0.15	−0.12
高税率	−0.26	−0.26	−0.24	−0.21	−0.17

进一步对大气污染物减排和二氧化碳减排进行分析，发现二氧化碳减排率要低于污染物减排率，说明有些污染物减排措施，如末端治理设施，是需要增加能源使用的，这就增加了二氧化碳排放，也验证了我们提出的污染物减排和二氧化碳减排的分析框架，其中“增加末端污染治理力度”环节是需要增加能源投入的，也就增加了二氧化碳排放。对比二氧化硫和二氧化碳减排数据，可以看出低税率情景下二氧化碳减排率比污染物减排率少 1/3，中税率情景下二氧化碳减排率比污染物减排率少 29%，高税率情景下二氧化碳减排率比污染物减排率少 29%。可以看出，中、高情景的协调减排效果更好一些，但是结果还有待进一步验证。

2.2.2.3 火电行业污染物和二氧化碳协同减排效应

基于不同的选择，减排传统污染物的措施可能增加或减少温室气体的排放，同样，减少温室气体排放的措施可能增加或减少传统污染物的排放，两者之间是双向的、相互作用的关系，而非单向的过程。电力工业作为全国能源消耗大户，存在能源产品利用率低、环境污染严重等一系列问题，电厂末端污染物去除技术是对已经产生的烟气进行治理，不会使煤耗量减少，所以对二氧化碳减排影响不大，但是治理措施本身对二氧化碳产生量可能有影响（李丽萍等，2010；贺晋瑜，2011）。从电厂污染物的产生机理来看，传统的污染物去除工艺（如脱硫、脱硝和除尘等）会对二氧化碳减排产生一定的协同效应。

根据中电联全国电力工业统计数据，火电行业二氧化碳和污染物排放情况如表 2-3 所示。2013 年以来，随着国家对火电行业二氧化硫、氮氧化物和烟尘排放的控制越来越严格，脱硫、脱硝、除尘技术的不断提升以及电厂脱硫工艺、脱硝工艺、除尘工艺的广泛普及，单位火电发电量二氧化硫、氮氧化物和烟尘排放量呈现逐渐减少的趋势。单位火电发电量二氧化硫排放量由 2013 年的 1.85 g/(kW·h)减少到 2018 年的 0.20 g/（kW·h），减排率为 89.2%；单位火电发电量氮氧化物排放量由 2013 年的 1.98 g/（kW·h）减少到 2018 年的 0.19 g/（kW·h），减排率为 90.4%; 单位火电发电量烟尘排放量由 2013 年的 0.34 g/(kW·h）减少到 2018 年的 0.04 g/（kW·h），减排率为 88.2%。三种污染物的减排幅度都比较大。

对于单位火电发电量二氧化碳排放量，2013 年为 890 g/（kW·h），2018 年减少到 841 g/(kW·h)，减少了 49 g/(kW·h)，减排率仅为 5.51%，比其他三种污染物的减排幅度小很多。2018 年《环境保护税法》实施以来，二氧化硫、氮氧化物、烟尘和二氧化碳排放较 2017 年减排率分别为 23.1%、24.0%、33.3%和 0.36%，二氧化碳的减排幅度仍然是最小的。这可能是污染减排的末端措施导致二氧化碳排放量的增加。

表 2-3 火电行业二氧化碳和污染物排放情况 单位：g/（kW·h）

年份	单位火电发电量 CO_2 排放量	单位火电发电量 SO_2 排放量	单位火电发电量 NO_x 排放量	单位火电发电量烟尘排放量
2013	890	1.85	1.98	0.34
2014	870	1.47	1.47	0.23
2015	850	0.47	0.43	0.09
2016	822	0.39	0.36	0.08
2017	844	0.26	0.25	0.06
2018	841	0.20	0.19	0.04

数据来源：中电联各年度《中国电力行业年度发展报告》。

汤烨（2014）以天津某典型火电厂（图 2-5）为例，通过核算火电厂污染物去除过程中二氧化碳的排放量来定量分析二氧化碳及污染物减排的协同效应。结果表明：该电厂脱硫工艺（石灰石-石膏湿法）每减少排放 1 t 二氧化硫，同时会增加排放 2.28 t 二氧化碳，电厂脱硝工艺（低氮燃烧和 SCR 联合工艺）每减少排放 1 t 氮氧化物，同时会增加排放 0.77 t 二氧化碳，均对二氧化碳减排产生了负效益。因为电厂在脱硫、脱硝过程中都会消耗额外的电能，而且有些化学反应过程会有二氧化碳生成，所以可以认为这些污染物去除过程中均伴随着二氧化碳的生成，具体产生过程如图 2-5 所示。

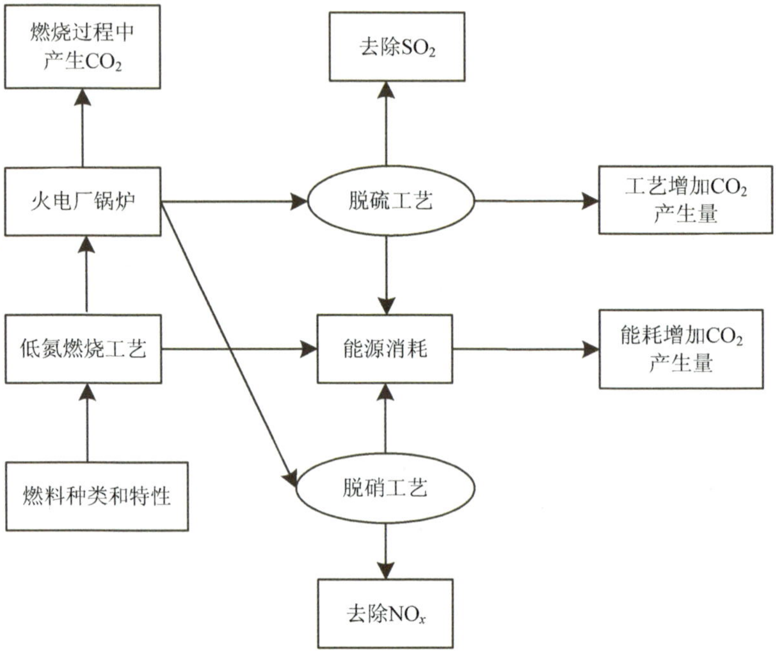

图 2-5　典型火电厂脱硫脱硝工艺产生二氧化碳的过程

2.2.3 建议

构建环境保护税促进污染物和二氧化碳协同减排分析框架，利用 CGE 模型分析，确定污染物减排和二氧化碳减排确实存在协同关系，而且二氧化碳减排率要小于污染物减排率，这是因为污染物减排的末端治理措施需要消耗能源或者化学反应等会生成二氧化碳，导致二氧化碳排放量的增加。这个发现证明最佳的协同减排措施应是源头和过程控制措施，末端治理措施只能实现污染物减排目标，但可能会增加二氧化碳排放。

针对以上结果，如果要进一步发挥《环境保护税法》在二氧化碳减排方面的作用，有以下三方面建议，一是引进二氧化碳税目，直接对二氧化碳排放进行征税；二是提高现有税目中污染物排放税率，发挥协调作用，间接促进二氧化碳减排（Long et al.，2020）；三是实施差异化税率，对高污染行业适当提高税率以加速其产业转型升级，充分发挥环境税的产业结构调整效应。

2.3 污水处理厂环境保护税政策

2.3.1 我国城镇污水处理厂污染排放情况

2.3.1.1 污染排放情况

根据《2019 中国生态环境状况公报》，截至 2019 年年底，全国城市污水处理能力 1.77 亿 m^3/d，累计处理污水量 532 亿 m^3。

如图 2-6 所示，根据国家统计局发布的数据，2011—2016 年[①]，年生活用水总量为 766 亿～821 亿 m^3。结合环境保护部发布的《环境统计年报》，生活污水实际处理量从 2011 年的 403 亿 m^3 递增到 2016 年的 586 亿 m^3。从图中可以看出，生活用水总量（蓝色实线）和实际污水处理量（橙色柱形）之间有一定缺口，但缺口逐年缩小。根据 2017 年环境保护部发布的排污系数和物料衡算方法，理论污水产生量为生活用水总量的 70%～90%（图中浅蓝色区间所示），可以看出 2016 年实际污水处理量已经在正常区间范围内，之前存在生活污水超标直排问题。

① 由于本书编写时有关部门尚未发布 2016 年以后的污水处理厂实际污水处理量、污染物削减量、污染物排放量等部分数据，故本节测算所用全部数据均统一使用至 2016 年数据。

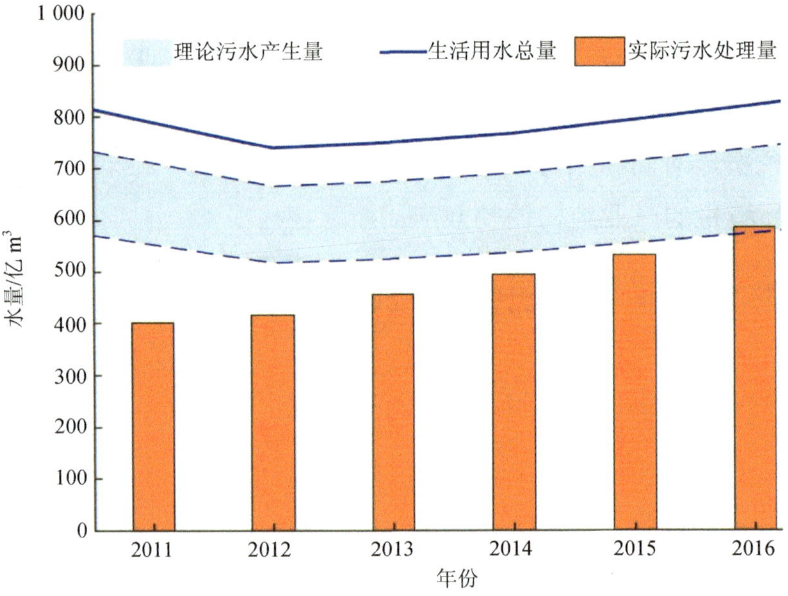

图 2-6　2011—2016 年生活用水总量及污水处理情况

生活污水中主要污染物指标为化学需氧量及氨氮。图 2-7 显示，2011—2016 年，COD 产生量增长 15%，年均增长率为 3%，氨氮产生量增长 14%，年均增长率为 2.7%，呈正相关，这在一定程度上反映出城镇生活污水的富营养化趋势和对城镇污水处理厂设施的升级需求。COD 和氨氮排放量的时间序列曲线显示，城镇污水处理厂的处理效率逐年提高，即随污染物产生量增大，排放量却逐年略有下降。除两种主要污染物之外，截至 2016 年年底，城镇污水处理厂全年还累计削减总氮 144 万 t、总磷 17 万 t、挥发酚 979 t、氰化物 2 831 t。

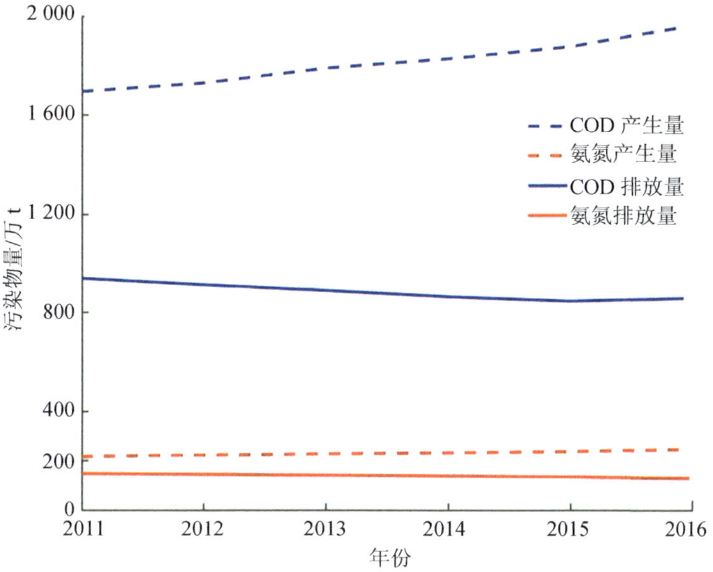

图 2-7 2011—2016 年生活污水中主要污染物指标的产生量和排放量

2.3.1.2 超标情况

虽然总体看来城镇污水处理厂表现良好，但是超标排放现象仍然屡禁不止。2016 年国控重点源名单中共有污水处理厂 3 776 家，对其中 3 467 家的排污口 COD 和氨氮含量进行在线监控，结果显示仍有部分企业未达标（图 2-8）。

自 2016 年起，生态环境部逐季度发布主要污染物排放严重超标的企业公示（图 2-9），污水处理厂已成为超标排放的“大户”，例如 2018 年第二季度被公示的 123 家严重超标排污单位中，污水处理厂共 78 家，占总数的 63.4%，占比最高。从处罚情况来看，被罚金额较大的也均为污水处理企业。除此之外，很多污水处理厂的环境问题长期得不到解决，

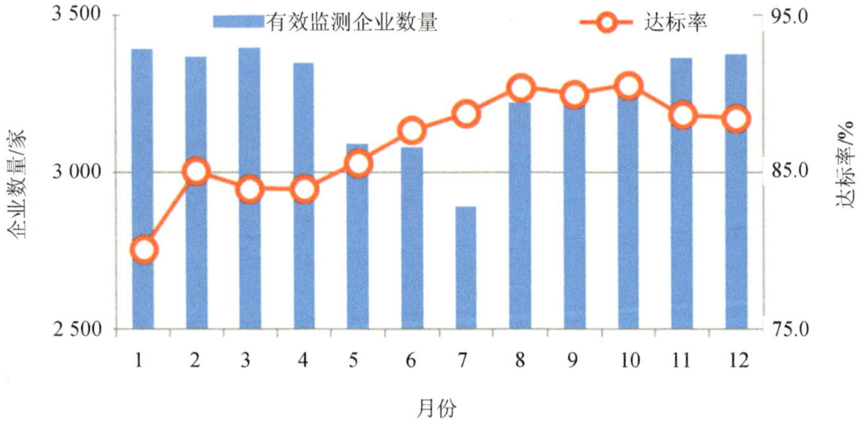

图 2-8　2016 年 1—12 月污水处理厂有效监测企业数量和达标率情况

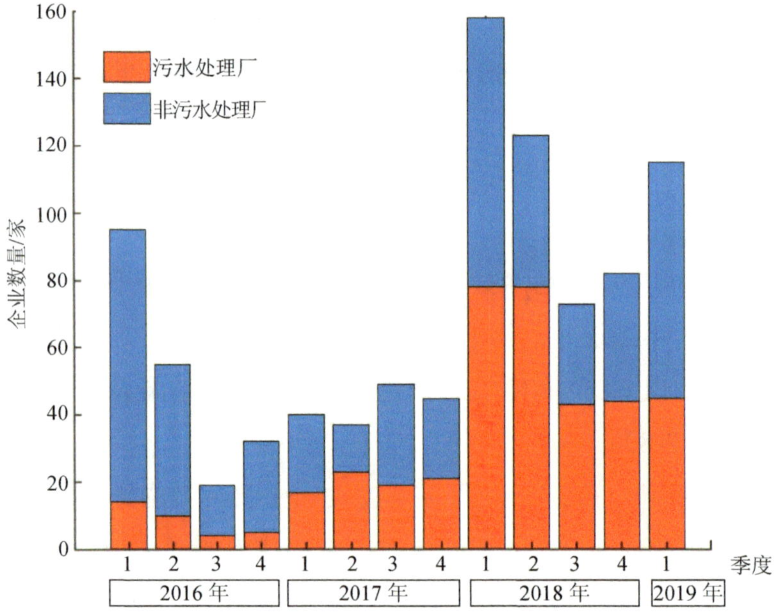

图 2-9　2016—2019 年主要污染物排放严重超标企业数量

甚至连续两年“榜上有名”。究其原因，一是存在设计落后、处理能力不足的问题，而且提标改造的设计和建设周期长，超标问题难以短期内有效解决。二是日常运营管理出现问题，例如，有些污水处理厂上游来水超出其接纳标准，或设备运行不稳，导致超标问题。

2.3.1.3 工业废水进管网情况

城镇污水处理厂排放超标问题屡禁不止，这说明可能存在上游来水超出接纳标准的问题，考虑是某些工业企业将工业废水排入城镇污水处理厂而导致的。如图 2-10 所示，蓝色实线为国家统计局公布的年工业用水总量，从 1 462 亿 m^3 逐渐下降至 1 308 亿 m^3。根据排污系数 0.7～0.9 得到理论污水产生量，为 1 000 亿～1 300 亿 m^3，由图 2-10 中浅蓝色区域表示。然而实际污水处理量加上直接排入环境的量从 2011 年的

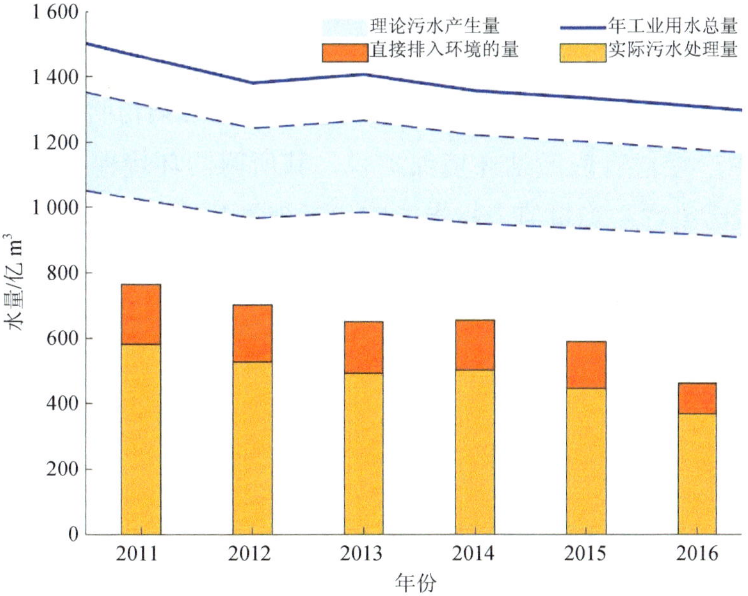

图 2-10 2011—2016 年工业用水量、污水产生量、处理量和直排量情况

765 亿 m^3 下降至 2016 年的 462 亿 m^3，和理论污水产生量区间也有很大差距。其余 400 多亿 t 工业废水去了哪里，这成了一个问题。

根据 2015 年《环境统计年报》，2015 年全年城镇污水处理厂共处理废水 532.3 亿 t，其中，处理生活污水 470.6 亿 t，占总处理水量的 88.4%，即有 61.6 亿 t 工业废水确实进入城镇污水处理厂。同理可算出，2012—2014 年分别有 54.4 亿 t、58.4 亿 t 和 61 亿 t 工业废水进入城镇污水处理厂。可以看出，确实存在工业废水进入城镇污水处理厂的问题。进入城镇污水处理厂的工业废水逐年略有增多，而且由于污水处理量逐渐递减，工业废水进管网的比例有较大增长，可见，工业污水进管网问题日益严重。

2.3.2 污水处理厂环境保护税征收情况和存在的问题

2.3.2.1 征收情况

《环境保护税法》规定直接向环境排放应税污染物的企业事业单位和其他生产经营者应缴纳环境保护税，其所附的环境保护税税目税额表、应税污染物和当量值表规定了应税污染物及其征税标准，应税污染物包括大气污染物、水污染物、固体废物和噪声。对于水污染物而言，按照污染物排放当量折合的污染当量数缴纳税费，污染物当量数根据污染物的排放量除以该污染物的污染当量值计算。

同时，《环境保护税法》规定了针对特殊情况的减免政策，如向依法设立的污水集中处理场所排放应税污染物的企业事业单位和其他生产经营者，即间接排放者，不需缴纳环境保护税。此外，依法设立的城乡污水集中处理场所排放的应税污染物，不超过国家和地方规定排放标准的，也不需缴纳环境保护税。但若存在超标排放现象，则需缴纳环境保护税。当纳税人排放应税水污染物的浓度值低于国家和地方规定的污染物排放标准30%的，减按75%征收环境保护税；低于排放标准50%的，减按50%征收环境保护税。

财政部统计数据显示，2019年共征收环境保护税221亿元，同年征收的总税收收入为157 992亿元，环境保护税占总税收收入的比例约为0.14%，比例相对很小。享受达标排放免税优惠的城乡污水处理厂、垃圾处理厂累计免税额约占减免总额的40%[①]。

2.3.2.2 存在的问题

环境保护税具有其独特的技术规范，因此在实际征收过程中会有一些征收难点。为了公平且有效率地征收环境保护税，要求监测单位动态准确地掌握纳税人的应税污染物排放量。根据《环境保护税法》，污染物排放量有四种方式计算：

（1）纳税人安装使用符合国家规定和监测规范的污染物自动监测设备的，按照污染物自动监测数据计算；

（2）纳税人未安装使用污染物自动监测设备的，按照监测机构出具的符合国家有关规定和监测规范的监测数据计算；

（3）因排放污染物种类多等原因不具备监测条件的，按照国务院环境保护主管部门规定的排污系数、物料衡算方法计算；

（4）不能按照（1）至（3）规定的方法计算的，按照省、自治区、直辖市人民政府环境保护主管部门规定的抽样测算方法核定计算。

采用自动监测设备监测是首选方法，但是其相关技术标准到目前为止还不够完善，只能监控部分重点污染物，还存在设备与各厂家是否兼容的问题，而且精确度和稳定度也不够好，容易导致数据偏差。此外，

① 为国家税务总局公布的2018年数据，2019年未公布。

安装监测设备所需成本相对较高，所以只有规模大的单位或者国家规定的重点排污单位才安装。2016 年共有污水处理厂 7 103 家，国控重点源名单中的 3 776 家污水处理厂有 3 467 家安装了在线监测设备。由此可见，普及自动在线监测设备还有很大的空间。用第三种方法计算企业环境保护税得到的是同行业的平均水平，并不能准确反映某一单位的真实情况，而第四种方法最适合作为辅助方法进行复核。

对于排污单位来说，难以全面普及安装自动监测设备获取实时监测数据；对于污染物来说，只有部分重点污染物能够实现自动监测，且自动监测结果还可能存在数据偏差。后三种方法都由企业或第三方进行监测和计算，无法全面、真实地代表排污企业的污染物排放水平，这导致我们无法准确、动态地掌握污染物排放量，很多污染物浓度的上报结果无法得到有效证实，达标免税的实施存在一定的难度。

除了污染物监测有难度，城镇污水处理厂排放严重超标也是另一个问题。确实存在工业废水进管网的问题，2016 年工业废水理论产生量为 934 亿～1 202 亿 m^3，但实际流入污水处理厂的总量加上直排废水只有 462 亿 t，有一部分工业废水仍然不知所踪。此外，2015 年城镇污水处理厂的实际处理能力为 684 亿 t，对比实际处理的 532.3 亿 t 废水，仍然具有接纳来水的能力。这说明实际混入城镇污水处理厂处理的工业废水量可能超过年报中的记录值。

根据我国法律法规，满足排放要求的城镇污水处理厂可以免交环境保护税，但工业企业及工业污水处理厂无论排放合格与否都应缴纳环境保护税。城镇污水处理厂的排污费用远低于工业污水处理厂，工业企业如果将废水排入城镇污水处理厂进行处理，不仅可以大大降低排污费用，还可以成功避免缴纳环境保护税。但是工业废水的污染物种类复杂，城镇污水处理厂的设施往往不能满足其处理要求，就会导致超标排放的现象。

根据《中国统计年鉴》，自 2002 年污水处理服务市场化改革以来，污水处理服务的覆盖水平得到了较大程度的提高，人均污水处理能力稳定增长，城镇污水处理厂逐渐采取市场运营模式。同时，通过技术革新，污水处理成本有望逐渐降低。此外，环境保护税的纳税人主体为企事业单位，污水处理厂也属于企事业单位，结合考虑达标监测的难点，对城镇污水处理厂取消环境保护税免税政策应提上日程。

2.3.3 国外对污水处理厂的环境税征收经验

近几十年来，世界各国，尤其是一些发达国家已逐渐形成较为完善的环境税（费）征收制度，参考其环境税（费）征收体系有助于发展完善我国的环境税征收体系。本报告对国外现行水污染物征税（费）体系进行了调研，以期在学习国外成熟体系的同时发展完善符合我国国情的与水污染相关的税费政策。下面将对一些有代表性的国家（如美国、英国、澳大利亚等）的经验进行详述。

2.3.3.1 美国

美国国家环境保护局规定任何人经点源排污至美国水体均需申请排污许可证，并凭证收取年费。持有排污许可证的单位按照污水日排放量、排水管数量、持证类型等缴纳对应数额的年费，各州的具体规定不同。

伊利诺伊州将纳税人分为两类收取排污年费，第一类为生活污水排放源，第二类为工业废水排放源。在大类之下又根据污水排放设计流量细分费额。对于生活污水排放源，设计流量小于 10 万加仑①/d（约

① 1 加仑（美）=0.003 79 m^3。

379 m³/d）按最低档收费，即每年 500 美元。但对于工业排放源而言，设计流量大于 100 万加仑/d 即按最高费率收取，即每年 1 万美元。可以看出对生活污水处理厂明显的减费政策。如果排放设施包括下水道溢流排水口，可能污染地下水质量的，还需根据所在支流的人口数量加收年费。小于 1 万人的每年加收 1 000 美元；1 万～2.5 万人的，加收 5 000 美元；大于 2.5 万人的，加收 2 万美元。

对于工业废水排放源，根据是否含管控的有毒物质分别收取年费。不含管控有毒物质的，最高收取 1 万美元/a，含管控有毒物质的，以设计流量 25 万加仑/d（约 948 m³/d）为界，每年收取 1.5 万美元或 2 万美元。若被美国国家环境保护局划为主要排放源，但不含管控有毒物质的每年收取 3 万美元，含管控有毒物质的每年收取 5 万美元。

密歇根州根据美国国家环境保护局划分的主要和次要排污设施收取年费，主要排污设施的年费远高于次要排污设施。在主要排污设施之中又分为市政设施和工商设施，工商设施每年统一收取 8 700 美元，市政设施根据污水流量每年收取 5 050～213 000 美元。对于美国国家环境保护局划分的次要设施，又根据许可类型和流量的不同分别收费，费用几百至几千美元不等。政策对于城镇生活污水处理厂没有明显的倾斜。

南卡罗来纳州的主要划分依据为排水管数量，小于等于 5 个的，再根据日流量收取费用，从 530 美元到 2 660 美元不等；大于 5 个排水管的，需要缴纳基础年费 1 600 美元，另外每增加一个排水管每年加收 800 美元。政策不区分生活污水排放源和工业废水排放源，对城镇生活污水处理厂也未见减免措施。

艾奥瓦州的排污税（费）额度相对较小，每年几百至几千美元不等，工业设施比市政设施年费贵，城镇污水处理厂不需缴纳年费。印第安纳州根据许可证类型不同支付 400～1 000 美元的固定费用，此外根据流量另外加收，最高每年可加收 34 800 美元。

2.3.3.2 英国

英国规定所有排放污水（包括处理过的）进入地表水及经渗透进入地下水的单位都需要申请排污许可证，申请排污许可证需交申请费，持有排污许可证的企业每年应定期交维护费。维护费各地有不同的计算方法，但值得注意的是，计算都是根据排污许可证上写明的流量、污染物等来进行的，而不是根据实测值。

对于英格兰和威尔士而言，年费标准是根据许可排放量、排放内容、受纳水体和财政经济因素综合考虑计算的。低于最小排放量的单位可免收费用；若每年的排放量逐渐减少也适度减少收费。

对于苏格兰来说，年费是根据排放量、污水成分和受纳水体等因素综合计算的。收费污染物包括悬浮固体（SS）、毒性物质、重金属、可吸收有机卤化物（AOX）、氰化物（CN）、多环芳烃（PAHs）、杀菌剂、杀虫剂和细菌（病毒）等。对于排污少、危害轻的可不交排污许可年费。

2.3.3.3 澳大利亚

澳大利亚规定排放污水至水体的大型污水处理设施需要申请排污许可证，排污许可不是针对单位，而是针对整个污水处理体系，即在同一点或同一片灌溉区排水的污水处理设施被看作一个污水处理体系，共享同样的排污许可。持许可证的单位需根据污染物缴纳年费。除此之外，还需要根据排污水量缴纳污染税，税额根据财政及通胀情况每年调整（2018 年为 36.52 美元/t，2019 年上涨为 38.3 美元/t）。小型污水处理体系，以及被认为不会对水资源产生污染的排污单位（如排放量小于阈值，或污水用于灌溉等的单位）无须申请排污许可证及缴纳税费。

主要监控的污染物有生化需氧量（BOD）、油脂、不可过滤残留物、总氮、氨氮、总磷、酸碱度（pH）、耐热大肠杆菌数等。抽样检验达标标准并不是单一标准，而是针对每种污染物设定了三个指标，分别是50%样品必须低于某阈值、90%样品必须低于某阈值及最大污染物浓度需低于某阈值。这种检测体系能够保证充分考虑抽样检测结果的波动性，全面且准确地评估检测结果。

2.3.3.4 欧洲其他国家

欧洲其他国家（包括波兰、荷兰、德国等国）对直接排放污水进入地表水体的单位均征收排污税（费），且收费都是根据污染物而非水量。

波兰 主要收费污染物为五日生化需氧量（BOD_5）、COD、SS、氯化物、硫酸盐以及挥发酚，每种污染物对应不同的收费标准，其他污染物统一收费标准（2017 年为 33.63 美元/kg）。每年根据通货膨胀率上调费率。实际费用还取决于类别（城市废水、工业废水、生活污水），温度等。对于年度缴费额度总值低于 216 美元的单位，或只在紧急情况下排放污水的单位，免除费用。此外，还详细规定了一般豁免的废水排放类别。

荷兰 按照每单位污染物征收地表水污染税。具体税费各个地区不同，但大致每单位污染物征税 30～100 美元。对于排污量大或污染浓度高的单位，由于其污水中存在大量不可生物降解的污染物，计算得出的税费会非常高，这种情况下可以申请对污染载荷进行校正从而降低税费。

德国 按照每污染单位进行收费，2019 年收费标准为每污染单位 40 美元。一个污染单位可以是 50 kg COD、25 kg 氮、3 kg 磷、2 kg 有机卤素、20 g 汞、100 g 镉、500 g 铬、500 g 镍、500 g 铅或 1 000 g 锌。当污水处理厂按照标准排放时，减少其税费，当其制定目标进一步降低污染物浓度并且能够证明卓有成效时，可以进一步减少税费。

总体来说，对于大多数国家，一般采取直接和间接排放两套体系进行收税（费）。间接排放是指排污至城市地下水系统，对间接排放的居民、工业企业按照污水排放量收取排污税（费）。直接排放是指将污水（包括处理后的污水）直接排入自然水体（包括地表水和地下水等）的点源排放，包括污水处理厂和直接排污的居民、工业企业。对于直接和间接排放收税（费）的对象和具体流程见图 2-11。

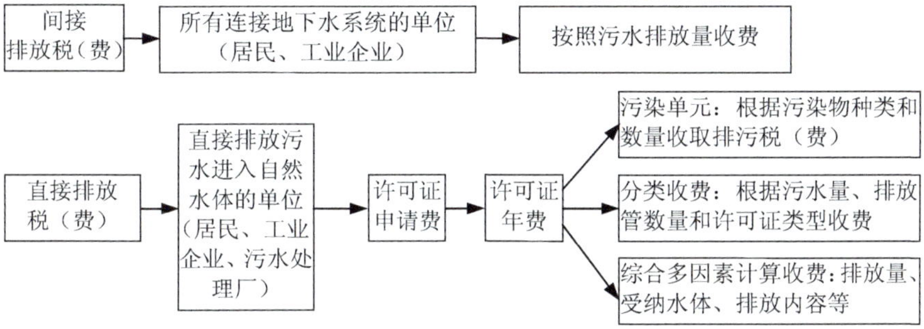

图 2-11　直接排放和间接排放税（费）收取流程

如图 2-11 所示，直接排放污水进入自然水体的单位均需申请排污许可证，申请费用一般比较低廉，有些国家不收取申请费用。绝大多数国家根据申请企业的排放量、受纳水体、排放内容等设定不同的许可证类型。对于少数国家（如澳大利亚）来说，排污许可是针对排污地区的不同而改变的，即在同一区域排污的单位拥有同样的排污许可证。

调研中绝大多数的欧洲国家（如荷兰、波兰、法国、德国、丹麦、比利时）根据污染物的种类和质量（体积）收取排污税（费）。主要收费污染物包括五日生化需氧量、生化需氧量、悬浮固体、重金属、氮、磷、细菌和挥发性有机物。而美国是典型的按分类收费，即根据排污许可证的类别不同、排水管数量不同以及排水量不同，区分出几个缴费区间，每个区间对应不同的年费。此外，还有一种收费方法，是考虑多个重要影响因素综合计算收费，如英格兰和威尔士综合考虑许可排放量、排放内容、受纳水体和财务经济等因素确定年费。

在特定情况下，直接排污的单位可能获得税（费）减免。一般来说，排污量很小、没有超过最小阈值的工业企业可以免收排污税（费）。极少数国家免收市政污水处理厂的排污税。此外，针对排污标准执行情况，积极进行减排实践的单位，有些国家给予税收（费）减免的奖励。

2.3.4 完善我国污水处理厂环境保护税政策的建议

2.3.4.1 取消城镇污水处理厂达标免税政策

自 2002 年污水处理服务市场化改革以来，随着经济水平的提高，城镇污水处理厂逐渐施行市场化运营模式，同时通过技术的革新，污水处理成本逐渐降低，使得污水处理厂不再是一味亏损的公共服务单位。故作为企事业单位，城镇污水处理厂也应和其他企事业单位一样需缴纳环境保护税。但是鉴于乡村污水处理厂的发展还处于起步阶段，应继续对乡村污水处理厂实行达标免税优惠政策。

取消城镇污水处理厂达标免税政策后，可能会造成污水处理费上涨，对居民产生影响。政府可以通过宏观调控，控制污水处理费的涨幅，采取不收、少收或分阶段逐步增长的方法减轻对居民的影响。

2.3.4.2 建立环保建设投入鼓励体系

排污至统一流域（区域）的单位，根据流域水质年检报告，识别即时重点污染物，对重点污染物排放少的单位实行减税或津贴政策。对于能够证明为了减少污染物的排放量，积极进行投资和规划并取得成效的单位实行进一步减免。

普及安装污染物自动监测设备。自动监测设备难以在短时间内全面普及，现有的设备无法监测所有应税污染物，其他监测方法无法准确、动态地掌握真实污染物排放量。自动监测设备能够持续监测污染物浓度，为环境保护税测算提供有力的数据支撑。但是目前自动监测设备的覆盖面有待进一步提升，为了鼓励安装在线监测设备，对安装的企业可以给予津贴或减少税费的鼓励。

2.4 VOCs 纳入环境保护税征收范围

挥发性有机物（VOCs）是在特定条件下具有挥发性的有机化合物的统称。环境保护部等六部门 2017 年发布的《“十三五”挥发性有机物污染防治工作方案》将 VOCs 定义为：参与大气光化学反应的有机化合物，包括非甲烷烃类、含氧有机物、含氯有机物、含氮有机物、含硫有机物等，是形成臭氧和细颗粒物（$PM_{2.5}$）污染的重要前体物。VOCs 排放不仅对环境危害大，对人体健康也构成严重威胁，因此，VOCs 污染防控受到社会的高度重视。目前，世界上部分国家或地区通过征收税费的形式对 VOCs 排放进行有效控制。比如美国加利福尼亚州南岸空气质量管理局（SCAQMD）的收费制度、瑞士的 VOCs 税、中国台湾地区的 VOCs 排污收费制度等（李庆生等，2019）。本节在借鉴部分国家或地区经验的基础上，提出完善我国对 VOCs 征收环境保护税的制度设计建议。

2.4.1 部分国家或地区对 VOCs 征收税（费）情况

2.4.1.1 美国 SCAQMD 收费制度

为改善空气质量，美国采取了多种形式的污染管制措施，其中对包括 VOCs 在内的污染物征收排污费是最主要的经济管理手段之一。经过长期的管控治理，美国 VOCs 的排放得到有效控制，相应地，空气质量也得以逐步改善。以美国 SCAQMD 收费制度为例，美国将 VOCs 作为列入管制范围的污染物之一，从 1995 年开始对 VOCs 征收排污费。VOCs 排污费以排放量为计费依据，按照企业 VOCs 年排放量的多少分级征收。具体为：VOCs 年排放量在 4 t 以下的企业，按照 75 美元/t 的固定费率征收；VOCs 年排放量超过 4 t 的工业企业，依据分级费率计算缴纳（表 2-4）。

表 2-4 美国 SCAQMD 的 VOCs 排放费率

年排放量/t	费率/（美元/t）
4＜年排放量≤25	337
25＜年排放量≤75	547
年排放量＞75	819

2.4.1.2 瑞士 VOCs 税

瑞士于 2000 年 1 月 1 日开始征收 VOCs 税，采用正面清单的方式列明需纳税的征税对象，即只有在名单中明确列出的化学物质或产品才征收相应的 VOCs 税。税率以 3 瑞士法郎/kg VOCs 为基准，采取渐进方式收取。为鼓励减少污染物排放的行为，瑞士的 VOCs 税相关法律中对减排行为获得减免税的条款做了明确规定。比如瑞士《挥发性有机物鼓励性税收条例》第九条明确了纳税人享受免征相应 VOCs 税的条件包括：一是所采取的措施使这些装置每年产生的 VOCs 减少到相同生产条件所允许 VOCs 排放量的至少 50%，同时遵循《空气污染治理条例》规定的预防性排放限制条件；二是所使用的空气净化装置（App）技术状况良好，并在 95%的运行时间内正常运行；三是未经空气净化装置处理的挥发性有机物按照税法相关规定有所减少。

2.4.1.3 中国台湾地区 VOCs 排污收费制度

中国台湾地区于 1996 年开始征收固定污染源挥发性有机物空气污染防治费，台湾地区环保部门公布的“固定污染源挥发性有机物自厂系数（含控制效率）建置作业要点”明确 VOCs 是指在一个大气压①下，测量所得初始沸点在 250℃以下有机化合物的空气污染物总称，但不包括甲烷、一氧化碳、二氧化碳、二硫化碳、碳酸、碳酸盐、碳酸铵、氰化物及硫氰化物等化合物。由于 VOCs 排放量不易监测计量，为简化计量方法，中国台湾地区采用了公告 VOCs 排放系数的方式。企业可依据“公私场所固定污染源申报空气污染防治费之挥发性有机物之行业制程排放系数、操作单元（含设备原件）排放系数、控制效率及其他计量规定”设定的行业平均排放系数计算 VOCs 排放量。中国台湾地区环保部门公告的排放系数是基于美国、欧盟成员国及日本等国家的经验，结合中国台湾地区对不同产业污染物排放的调查结果，通过环保部门与业界商议后得出的污染物平均排放系数。实施过程中，考虑到企业的具体排放系数与行业排放系数之间的差异，中国台湾地区环保部门又于 1998

① 1 标准大气压=1.013×10^5Pa。

年公布了“固定污染源挥发性有机物自厂系数（含控制效率）建置作业要点”，作为审核排放单位按其实际排放状况申请自厂系数的依据。

为了鼓励纳税人自主申报 VOCs 排放量，中国台湾地区采用了以下措施：一是制定了详细的申报操作手册和包括各行业细分的排放因子表，在企业申报完成之后对各个环节进行审核和监测，验证申报结果是否正确；二是环保部门制定了自建厂排放系数手册，企业可以通过规范的方法检测出生产过程中的实际排放因子，这样不仅能够使企业进一步熟悉各个环节的 VOCs 排放情况，还能进一步完善排放因子体系。

2.4.2 我国 VOCs 环境税费征收情况

2.4.2.1 环境保护税对 VOCs 的征收情况

目前环境保护税涉及的 44 种大气应税污染物里有 18 种污染物属于 VOCs，但是由于环境保护税仅对每个大气排放口的前三项污染物进行征收，所以在实际征管中大部分 VOCs 类污染物排不进前三项，以 2018 年为例，18 种 VOCs 类污染物实际征收 2.33 亿元，仅占大气环境保护税征收额的 1.25%。

我国目前 VOCs 排放监测体系比较滞后，地方尤其是区（县）级生态环境部门的监测能力相对薄弱。依据《环境保护税法》，虽然符合规定条件的监测数据可优先用于计算污染物排放量，但实际上采用自动监测设备监测计算 VOCs 排放量的还很少。

2.4.2.2 VOCs 排污收费试点总体情况

（1）试点情况

2015 年 6 月，财政部、国家发展改革委、环境保护部联合印发了

《挥发性有机物排污收费试点办法》（财税〔2015〕71 号），规定自 2015 年 10 月 1 日起，对石油化工行业和包装印刷行业排放的 VOCs 征收排污费，并对 VOCs 排放量的核算方法进行了规定。同时授权各省（自治区、直辖市）可以根据本地区实际情况增加 VOCs 排污收费试点行业并制定增加试点行业 VOCs 排污收费办法。

截至 2017 年年底，VOCs 排污收费试点已扩展至全国 21 个省(区、市)。各省（区、市）试点行业除了原环境保护部规定的石油化工行业、包装印刷行业外，还可针对本地的情况来调整收费行业。以上海为例，VOCs 排污收费已经扩展到石油化工、船舶制造、汽车制造、包装印刷、家具制造、电子等 12 个大类行业中的 71 个中小类行业，基本覆盖了该市工业 VOCs 重点排放行业。

VOCs 排污收费试点政策起到了促进企业减少 VOCs 排放的作用。VOCs 排污收费政策出台后，其政策杠杆作用逐步显现，在排污收费政策的推动下，石油化工、包装印刷行业企业的 VOCs 治理意识得到加强。从减排情况来看，石油化工行业的减排效果好于包装印刷行业的减排效果，这跟企业规模和治理投入具有一定的关系。石油化工行业企业一般规模较大，环境治理投入较大，生产工艺比较规范；而包装印刷行业中小企业较多，治理投入相对较小。

VOCs 排污收费试点政策对企业负担的影响有限。从试点政策实施情况来看，实行 VOCs 排污收费对大部分企业负担影响不大。根据对石油化工行业和包装印刷行业的调研，被调查企业 VOCs 排污费占企业利润的平均比例比较低，其中包装印刷行业 VOCs 排污费占利润的平均比例比石油化工行业略高。因此，从企业负担角度来看，VOCs 排污收费对包装印刷企业的影响大于对石油化工企业的影响。

自 2018 年 1 月 1 日起，排污费（含 VOCs 排污收费试点）停止征收，开征环境保护税。

（2）试点中发现的问题

VOCs 排污收费试点采用的排放量核算方法比较复杂。VOCs 排污收费试点中遇到的最大挑战就是如何准确、简便地计量核算 VOCs 排放量。由于试点中采用的 VOCs 排放量监测计算方法较为复杂，一方面企业申报排放量有难度，另一方面征纳双方对排放量的核定容易产生分歧。

VOCs 排放量监测计算方法还不完善。VOCs 排放源复杂分散，难以采用常规的监测手段予以监测，VOCs 排放量的计算应根据不同行业的生产工艺、排放特征选择适宜的计算方法。理论上，企业应优先采用实测法计算各排放环节的 VOCs 排放量，当不具备监测条件或无法获取实际监测数据时，可采用物料衡算法或排污系数法计算排放量。其中，实测法基于实际监测数据计算相应排放量，得到的数据较为准确，但专业性较强，实际应用有一定的限制；物料衡算法基于生产过程中物料的变化情况计算排放量，主要适用于没有发生化学反应的 VOCs 排放量的计算；排放系数法计量方式相对简单，但需要针对不同行业、工艺和排放环节制定相应的排放系数。比如，对于石油化工等 VOCs 排放源复杂、分散的行业，应根据企业的具体条件，分污染源项目分别采用实测法、物料衡算法或排放系数法；对于涂装、包装印刷等有机溶剂使用行业，主要应采用物料衡算法计算 VOCs 排放量。

我国的现实情况是，VOCs 排放监测能力不足制约了 VOCs 排放量的准确核算。一方面，由于 VOCs 排放的实测法专业性较强，监测设备投入较大，检测过程复杂，我国许多地方的监测站还不具备相应的实际监测能力；另一方面，我国对排放系数的基础研究较薄弱，还未形成完善的排放系数体系。我国目前获取排放系数主要有两种途径：一是参照国外已有的研究成果，直接套用国外的排放系数。但是国外的排放系数很多都是较早制定的，与我国目前的实际情况存在较大的差距。二是通过问卷调查的方式进行统计后确定的行业排放系数。由于信息不对称，通过问卷调查确定的排放系数往往与实际情况存在较大的误差。

试点政策会造成地区和行业之间的不公平。VOCs 排污收费试点是在部分地区的部分行业开展，在一定程度上造成了不同区域间排污状况相当的排污单位之间税费负担的不平等。此外，在征收标准上，各省（自治区、直辖市）之间收费标准差距过大，造成了地区间企业负担的不平等。

2.4.3 完善对 VOCs 征收环境保护税的制度设计

2.4.3.1 税制框架设计基本思路

纳税人设定。在中华人民共和国领域和中华人民共和国管辖的其他海域，直接向环境排放应税 VOCs 污染物的企业事业单位和其他生产经营者为环境保护税的纳税人，应当依照《环境保护税法》规定缴纳 VOCs 环境保护税。为与《环境保护税法》整体征收原则和框架一致，建议不区分行业，整体征收 VOCs 税费。鉴于我国现行废气环境保护税制度中移动源暂予免征环境保护税，在将 VOCs 纳入环境保护税征税范围时，也将移动源 VOCs 排放纳入暂予免征范围。

税目设定。目前，国家标准主要对 70 余种 VOCs 污染物进行了控制。考虑到如果对所有污染因子收税，不仅监测手段达不到，而且对于纳税人和征收机关，申报和征管都过于复杂，所以建议设计征税方案时尽量简化。建议在现有大气污染物税目表中增加 VOCs 税目，根据具体的环境保护标准和规范，选择具体的控制指标如非甲烷总烃、总挥发性有机物（TVOC）等。

污染物当量值设定。对 VOCs 的有害性和治理成本进行调查研究，结合现有应税污染物当量值体系，研究提出 VOCs 污染当量值。

计税依据设定。VOCs 排放量的计算方法有实测法、排污系数法、物料衡算法，有排污许可证的企业按照排污许可证的要求进行计算；无排污许可证的企业有监测数据的可以用监测数据计算，无监测数据的采用国家发布的排污系数和物料衡算方法计算。目前生态环境部发布的《排污许可证申请与核发技术规范》覆盖的行业和污染物种类有限，建议根据第二次全国污染源普查发布的系数进行更新和补充。

税额设定。VOCs 环境保护税税额执行《环境保护税法》规定的大气环境保护税税额征收标准，为 1.2～12 元/污染当量。各省（自治区、直辖市）人民政府统筹考虑本地区环境承载能力、污染物排放现状和经济社会生态发展目标要求，在国家规定的幅度范围内提出本地区具体适用的税额。

2.4.3.2 下一步工作建议

开展关键税制要素设计方案研究。结合基本框架设计，对 VOCs 整体纳入环境保护税的关键税制要素开展研究，重点研究确定 VOCs 污染当量值、适用于环境保护税核算的 VOCs 污染物排放量计量方法、税收优惠政策及环境保护税征管模式，并对政策影响进行预评估。提出 VOCs 环境保护税政策推进程序上的实施步骤、实施优先顺序和时间节点安排。

推动地方开展 VOCs 环境保护税改革工作。在通过修法把 VOCs 全面纳入环境保护税征收范围之前，可以通过推动地方开展 VOCs 环境保护税改革试点来发挥环境保护税对 VOCs 排放的调控作用。根据《环境保护税法》的规定，地方可以增加同一排放口征收环境保护税的应税污染物项目数量。因此，建议推动地方增加应税污染物项目数量，对于大气污染物区分 VOCs 和其他类污染物，按照污染当量数从大到小排序，VOCs 类污染物对前五项征收环境保护税，其他类污染物对前三项征收环境保护税。

启动修法程序。在研究和试点进行到适当阶段，启动《环境保护税法》修订程序，起草将 VOCs 纳入环境保护税征收范围的方案，向相关部门和单位征求意见，完成修法工作。

2.5 二氧化碳纳入环境保护税征收范围

2.5.1 环境税与国际低碳发展

2.5.1.1 环境税对低碳发展的影响

伦敦大学学院可持续资源研究所教授保罗·埃金斯认为环境税是治理气候变化的有效手段之一。环境税将原来对“好的事情”征税转向对“坏的事情”征税。目前欧盟有 6 个国家实施了环境税收改革，但也有 9 个国家没有实施这种改革。从实施国家的经验来看，环境税收改革具有积极效果，而且对工业竞争力的影响较小。英国关于环境税收改革的综合研究显示环境税收改革是有效的，不仅能实现税收中性，还能提高经济效率，最终影响气候减排。澳大利亚绿色税收改革也证明是有效果和有效率的，提高了政府财政收入。环境税对低收入群体有影响，需要对低收入家庭进行特殊安排，减少环境税带给他们的影响。碳补贴和碳定价对碳减排有很大影响。消除不利于环境保护的化石能源补贴可以促进碳减排。保罗·埃金斯认为环境税改革已经取得了积极成绩，而且现在是时候继续推进环境税工作了。

2.5.1.2 碳定价政策的使用

环境税已经被认为是碳定价形式之一，因为可以通过收税，增加排放者的成本，从而影响其决策，碳定价已在欧盟成员国得到广泛应用。另一种方式就是碳排放权交易。全球越来越多的国家和地区正在实施或计划实施碳税或建立碳排放权交易体系。大家都认为已经实施各种形式碳定价的国家所取得的经验教训可为新方案的设计和实施提供参考和指导。

瑞典在环境税方面取得了成功经验，成果显著。能源是瑞典税收的重点领域之一，20 世纪 80 年代，瑞典对能源征税主要是为了增加财政收入，20 世纪 90 年代开始政府和公民越来越关注环境问题，政府不断改进环境税，而且税率也在逐步提高，并关注能源税收中碳税的比例。瑞典先后 4 次推进环境税改革，1991 年第一次开始推进绿色税，减少和简化劳动力税收，增加能源增值税，征收碳税，但税率很低，同时减免 50%的能源税；2001—2006 年实施第二轮改革，明显增加环境税，对低收入群体减少收入税，同时进行增税和减税平衡；2007—2013 年实施第三轮改革，增加环境税，同时大幅减少劳动力税，没有明显的税种转移，各个税种按照特点进行调整；2014 年以来，引进和研究新的环境税，分阶段进行碳税减免，增加杀虫剂和砂石的环境税及交通燃油的能源税，改革车辆税，实施生物燃料的减税方案。2018 年议会选举后，2019 年 1 月议会通过的一项协议有许多环境税方面的规定，比如不取消民航税，增加化学品税，提高供热燃料产品的能源税，征收塑料袋税，采取积极绿色税收转型，启动综合税收改革等。

瑞典具有近 30 年征收碳税的历史。但其碳税的制定可以追溯到 1988 年，1991 年开始实施碳税，2017 年议会通过了新的国家气候目标，即 2030 年要比 2010 年减少 70%的碳排放，2045 年排放量不增加。根据燃油中碳含量对机动车燃油和热力燃油征收碳税（对工业行业采取低税率），税率从 1991 年的 28 美元（24 欧元）增加到 2019 年的 133 美元（114 欧元）。新的车辆燃油税税率大幅提高，从 1991 年的 28 欧元提高到 2019 年的 133.3 欧元。瑞典 2006 年开始实施碳排放权交易，参与对象是排放量大的高污染企业，而且对参与交易的企业不征收碳税。总体来说，大约 95%的瑞典化石企业碳排放纳入碳税或碳交易项目。

瑞典碳税和碳排放权交易项目实施以来，实现了 GDP 和国内二氧化碳排放脱钩，1990—2017 年，GDP 增加了 75%，但碳排放下降了 26%，供热用的化石燃料被完全淘汰，但是机动车化石燃油的淘汰比较难，而且目前 90%的碳税是对机动车燃油征收的，增加了社会转移支付，低收入和中等收入群体的收入税减少了。瑞典税务专家认为碳税不是火箭科技，没有那么复杂，没有那么难操作。

法国也是实施了环境税的欧盟国家之一，但是历程复杂，没有像瑞典那样获得很好的效果。法国 2010 年开始实施碳税，但没有成功，所以 2010 年开始了调整。碳税的税基是化石燃料，因为化石燃料排放占碳排放量的 50%，目前每吨二氧化碳税额为 44 欧元。

2.5.1.3 船运低碳发展的税收政策

船运是全球运输中的一种重要形式，尤其对货物运输具有重要作用。现有研究发现国际航运是温室气体排放的一大来源，而且排放量还在不断增加。同时船运也有大气环境污染问题，据估计，来自海上运输的空气污染物（主要是硫氧化物和颗粒物质）的排放将日益影响欧盟和其他区域的空气质量。因此需要采取全球行动来解决这些排放问题。该领域目前利用经济手段促进减排方面的研究和实践还比较少。除一些管制措施外，国际海事组织（IMO）亦通过规制措施来处理船舶排放的空气污染物，并采取强制性的能源效益措施，以减少国际船舶排放的温室气体。该组织还参与能力建设项目，鼓励创新和技术转让，以实现减排。

国际海事组织在统筹船运减排工作方面，已经出台了一系列法律法规，但经济政策应用得比较少。与其他行业相比，航运有其自身特点，命令和控制手段是目前的主要形式，市场经济手段的应用前景如何、如何利用环境税等经济政策来减少这一全球非常重要部门的环境影响是值得研究的问题。伦敦大学学院能源和交通专业学者 Tristan Smith、航运业经验丰富的专业人士 Andreas Chrysostomou 等认为，经济政策尤其是碳定价政策，可以在国际船运业碳减排中发挥作用，但需要有国际机构牵头，进行认真规划设计。

2.5.2 我国控制二氧化碳的经济政策

控制温室气体排放的市场类政策工具主要有两种：一是排放权交易；二是碳税（或在环境保护税中单列二氧化碳的税目）。碳税适用于量多面广、排放量小的排放企业，但难以确定政策对减排的效果。相比之下，在当前我国经济转轨时期排放权交易实现的减排效果更为确定，更适用于高耗能、高排放的重点排放单位。

从 1992 年开始，我国虽然开展了碳排放权交易制度的探索，但尚未出台相关政策法规，直到 2011 年 10 月，国家发展改革委发布《关于开展碳排放权交易试点工作的通知》，标志着我国第一个有关碳排放权交易市场建设的规范性文件出台。并先后在北京市、天津市、上海市、重庆市、湖北省、广东省及深圳市 7 个省、市开展了碳排放权交易试点工作，是我国探索国内碳排放权交易市场的开端。2013 年 6 月全国首个碳排放权交易平台在深圳市启动，其余试点省（市）陆续开始交易。社会各界反响普遍较好，试点地区也实现了碳排放总量和碳强度“双降”。

从我国碳排放权交易的政策文件来看，我国碳减排的工作方案一般由国务院部署，碳排放权交易的管理方案由国家发展改革委部署，但从2018年开始关于碳排放权交易政策文件的发布主体改为生态环境部；在发布内容方面，碳排放权交易管理办法经历了从试点到全国、从少数行业到多数行业的转变，但全国统一的碳排放权交易市场构建的相关文件除颁布发电行业的建设方案外，其他仍在探索和研究当中（表2-5）。

表2-5　碳排放权交易国家层面政策法规

时间	发布主体	文件名称
2011.10	国家发展改革委	《关于开展碳排放权交易试点工作的通知》
2011.12	国务院	《“十二五”控制温室气体排放工作方案》
2012.06	国家发展改革委	《温室气体自愿减排交易管理暂行办法》
2013.10	国家发展改革委	《关于印发首批10个行业企业温室气体排放核算方法与报告指南（试行）的通知》
2014.05	国务院	《2014—2015年节能减排低碳发展行动方案》
2014.12	国家发展改革委	《关于印发第二批4个行业企业温室气体排放核算方法与报告指南（试行）的通知》
2014.12	国家发展改革委	《碳排放权交易管理暂行办法》
2016.01	国家发展改革委	《关于切实做好全国碳排放权交易市场启动重点工作的通知》
2016.11	国务院	《“十三五”控制温室气体排放工作方案》
2017.12	国家发展改革委	《全国碳排放权交易市场建设方案（发电行业）》
2018.07	国务院	《打赢蓝天保卫战三年行动计划》
2019.03	生态环境部	《碳排放权交易管理暂行条例》（征求意见稿）
2018至今	生态环境部	24个行业温室气体排放核算报告指南和13项温室气体排放核算国家标准

2013—2018 年，我国碳排放交易量累计约 8 亿 t，交易额累计超过 110 亿元。其中湖北省碳排放权交易市场交易规模最大，重庆市及天津市碳排放权交易市场相对缺乏活力、交易规模较小。一方面，碳排放权交易市场的配额分配制度可以在确保实现我国控制温室气体排放目标的同时，推动完成化解过剩产能等供给侧结构性改革任务，引导企业低碳转型；另一方面，碳排放权交易市场在我国有一定前期探索基础。基于以上两点考虑，在认真总结国外碳市场和国内试点实践经验的基础上，根据经济发展的当前阶段特点和控制温室气体排放的实际形势，我国目前选择了碳市场来控制碳排放。经国务院同意，国家发展改革委于 2017 年 12 月印发了《全国碳排放权交易市场建设方案（发电行业）》（以下简称《方案》），标志着全国碳排放权交易体系已经形成。2019 年 3 月，生态环境部颁布《碳排放权交易管理暂行条例》（征求意见稿），并在 8 月底的例行新闻发布会中表示会加快碳市场建设方面的工作，积极推动相关立法进程及核查和管理办法。

2.5.3 小结

二氧化碳税最早于 1990 年由芬兰开征，此后，瑞典、挪威、荷兰和丹麦也相继开征。我国日益增大的环境压力，使得付出的代价越来越沉重，而碳税的开征能够在一定程度上缓解这样的压力；碳税在二氧化碳的减排方面具有针对性，作用效果会很明显，碳税可作为国家保护环境、实行节能减排的重要措施；另外，碳税的开征便于转换经济发展模式和促进行业升级转型。每个国家碳税的研究都是一个循序渐进的过程，在一个合适的税值基础上，根据碳税的实施效果，并根据预期减排目标适度地调整碳税税值，在达到更好减排效果的同时，也增加了社会公众对于碳税的认可度，为其后期的长远发展奠定了基础。

对二氧化碳排放征税也是控制温室气体排放的重要经济工具，但其实施需要一定的外部经济环境条件。相较于征收环境保护税只是实行“费改税”，并未额外增加企业负担而言，对二氧化碳排放征税（或在环境保护税中单列二氧化碳的税目）将额外增加企业的经济负担，在供给侧改革背景下容易遭受阻力。

随着我国生态文明建设逐步深化，对控制温室气体排放的要求逐步提高，经济转轨逐步完成，企业对碳税带来的经济负担承受能力进一步增强，可适时考虑实施碳税，发挥其约束量多、面广、小排放量企业的优势。下一步，将围绕《方案》各项任务要求，坚持碳市场作为控制温室气体排放政策工具的工作定位，遵循稳中求进的工作要求，完善全国碳市场制度体系和管理体系，加快推进碳市场基础设施建设。同时，结合国情研究碳税制度和有关政策。

3

资源税政策

资源税的改革有利于加快建立充分反映市场供求和资源稀缺程度、体现生态价值和环境损害成本的资源环境价格机制，在推进供给侧结构性改革、促进经济转型升级、助力生态文明建设等方面发挥重要作用。本章梳理了2019年我国资源税政策的改革与实施进展情况，指出其存在的问题和不足，并提出具有针对性的改进建议。

3.1 实施进展

3.1.1 《中华人民共和国资源税法》发布

2019年8月，《中华人民共和国资源税法》（以下简称《资源税法》）正式通过，于2020年9月1日起正式实施，标志着资源税的征收从暂行条例上升到法律高度，资源税收制度的法律强制性进一步增强，对建立健全绿色发展价格机制的形成发挥倒逼作用。2019年累计征收资源税1822亿元，同比增长11.8%。《资源税法》的具体框架内容如图3-1所示，

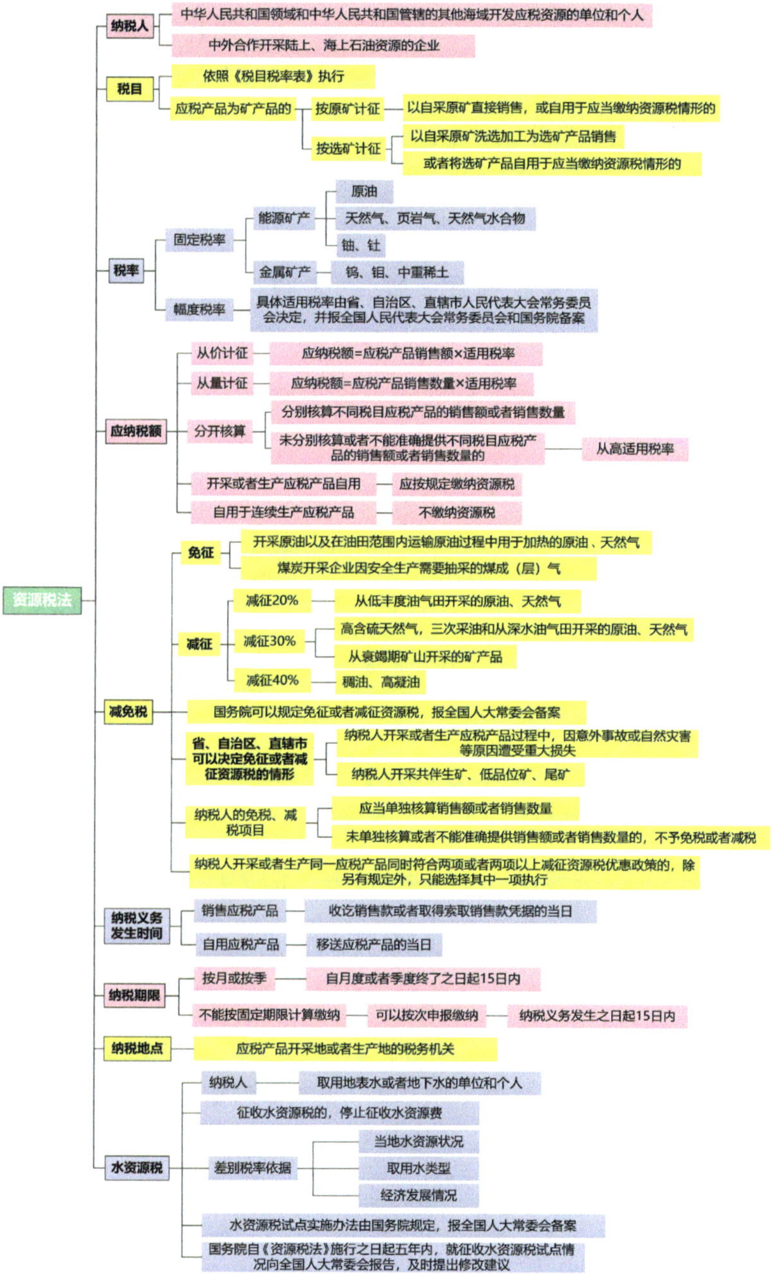

图 3-1 《资源税法》框架思路

相比《中华人民共和国资源税暂行条例》（以下简称《资源税暂行条例》），《资源税法》对征收范围、计征方式、税率标准、计税依据和税收优惠等政策进行了完善，吸收了近年来税收征管与服务上的有效做法，践行了以纳税人为中心的服务理念，体现了深化“放管服”改革的要求（杨志勇，2019；冯添等，2020）。

规范税目税率，简化纳税申报。《资源税法》以正列举的方式统一规范了税目，列明了能源矿产、金属矿产、非金属矿产、水气矿产和盐五大类 164 个税目，涵盖了目前所有已发现的矿种。大部分税目将实施从价计征，少部分实施从量计征，从价计征把资源税同资源价格有机合理地联系起来，便于资源价格更好地反映市场供求状况。同时，大部分税目将实施幅度税率，省级人民政府可在幅度内自行提出具体税率，仅有原油、天然气、中重稀土等少数资源实施固定税率。税务部门将据此优化纳税申报表，提高征管信息化水平，为纳税人提供更加便捷高效的申报服务。

明确税收优惠，凸显生态价值。《资源税法》进一步完善了税收优惠政策，规定了长期性的优惠政策和阶段性的优惠政策，还授权国务院今后针对有利于促进资源节约集约利用、保护环境等情形可制定减税、免税政策，有利于进一步发挥税收制度对资源节约集约利用、保护环境的激励功能。长期性的税收减免政策，不仅避免重复征税增加企业负担，而且鼓励企业对资源进行可持续开发和利用，提高能源的利用效率，减少能源浪费，实现绿色发展。阶段性的减免税政策导向十分明确，有利于充分发挥税收减免手段在促进资源节约利用、保护生态环境中的作用，有利于鼓励企业树立绿色发展理念，同时也能够更好地凸显资源的生态价值和环境成本。

简并征收期限，改善营商环境。《资源税暂行条例》中规定的纳税期限是1日、3日、5日、10日、15日或者1个月，具体期限由主管税务机关根据实际情况核定。而《资源税法》规定由纳税人选择按月或按季申报缴纳，并将申报期限由10日内改为15日内，与其他税种保持一致，明显降低了纳税人的申报频次，切实减轻了办税负担，改善了营商环境。

强化部门协同，实现税收共治。《资源税法》从法律层面规定税务机关与自然资源等相关部门应当建立工作配合机制，自然资源管理部门对自然分类、分布、行业标准的掌握，相比税务部门有独到优势，参与到资源税管理中来，可以更好地管理该税种。良好的部门协作，有利于减少征纳争议，共同维护好国家和纳税人的合法权益。

3.1.2 《资源税法》出台的重要意义

《资源税法》立法位阶上升，体现了更强的国家意志性、强制力和执行性，也充分体现了绿色发展理念，是践行绿色发展理念的重要部署，是落实税收法定原则、推动国家税收治理体系和治理能力现代化的重大成果，是健全地方税体系、巩固地方财政收入的重要保障，在后续资源开发和生态保护中能发挥更好的作用，对促进资源科学节约利用和打好污染防治攻坚战有重要意义（黄燕芬等，2019）。

《资源税法》的出台是我国税收法制化进程中的重大进展。《资源税法》是继《个人所得税法》《企业所得税法》《车船税法》《车辆购置税法》《船舶吨税法》《环境保护税法》《烟叶税法》《耕地占用税法》之后我国第九部税收实体税法，也是资源税领域第一部法律，使资源税立法从行政法规上升为国家法律。《资源税法》特别提到了税率的法定问题，同时还强调了水资源税改的法定问题。这是税收法定原则在本次资源税立法中的具体体现，是我国税收立法的又一重要成果，完成了资源税税率的法定化，明确了资源税的征收模式，增强了资源税在生态保护方面的功能，意味着税收法定原则在我国财税法治建设中得到深化落实和发展。资源税立法意味着中国的一半税种已经完成了立法任务，对优化税制结构、完善税收法律制度框架、推动民主法治、增强政府公信力、维护纳税人合法权益均大有裨益，对中国税收法制化进程具有重大意义。

改善资源生态环境，实现绿色协调发展。从保护资源角度来看，《资源税法》对我国资源的合理利用、促进资源使用和社会经济的和谐发展都有利好作用。推动资源税立法，扩大资源税征收范围、提高税率、实行从价计征等方式导致资源使用成本上涨，倒逼企业节约资源，抑制乱开滥采行为。同时，部分耗费资源较多的最终产品价格上涨，会影响消费者的消费行为，促进全社会节约资源。资源税立法还有利于形成有效的生态补偿机制，修复资源开采中遭受破坏的生态环境，建设环境友好型社会。同时，《资源税法》根据地方特点充分发挥资源税的调节作用，有利于因地制宜、精准施策，促进区域间资源开发的协调发展（肖伊，2020）。

促进企业转型升级，提高资源使用效率。《资源税法》通过从价计征的方式对日常生活中必不可少的资源进行征税，能有效起到价格管控的作用，防止少数企业实行垄断，破坏市场价格，促进大多数企业充分利用社会资源进行变革，加大高新技术开发力度，利用新型资源开采技术，提高资源开采和利用效率，落实资源税改革政策。根据《资源税法》的授权，各地可以对共伴生矿、低品位矿、尾矿制定具体减免税办法，有助于鼓励企业提高资源综合利用率，避免资源浪费和环境污染，同时《资源税法》明确将试点征收水资源税，有利于强化企业的节水意识，推动高耗水企业提高用水效率。这些规定都将推动企业发展更加绿色环保。

有利于开拓财源，增加财政收入。资源税立法进一步确立了“资源税一般实行从价计征”的法律地位，符合税收收入弹性原则，体现了资源税和资源使用之间的本质联系，有效遏制国内资源浪费情况。在资源税改革进程中，其征税范围是逐步拓展的，从当初的原油、天然气和煤炭三种资源拓展为《资源税法》中的164个税目，逐步从矿产资源领域扩围至水资源领域，2018 年资源税税收收入为 1 630 亿元，2019 年为 1 822 亿元，同比增长 11.8%。《资源税法》的出台将加快“清费立税”进程，开拓财源，为国家筹集更多的财政收入。

3.1.3 “水资源费改税”情况

“水资源费改税”工作有序推进，部分试点地区在提升水资源管理水平、水资源节约利用水平等方面取得了明显成效。在水资源税收制度的刚性约束下，企业节水意识迅速提高，一些高耗能的企业逐步向资源节约型企业转型，居民的节水意识也得到了普遍的提高，节水措施不断涌现，调控作用逐渐显现。

“水资源费改税”试点工作取得积极进展。水资源税改革试点的 9 个省（区、市）加快建立配套征管制度，出台多项专门管理制度，北京、内蒙古、河南、宁夏等省（区、市）印发水资源税征管应急预案，建立健全了水资源税改革应急工作机制。天津、河南、四川、陕西、宁夏等省（区、市）印发水资源税纳税人信息移交相关办法，促进了水利部门与税务部门的工作衔接和信息共享。扩大试点地区、加强组织领导，水利部门、税务部门密切协作，协调推进税收征管工作，探索构建了“水利核准、纳税申报、税务征收、联合监管共享”的水资源税征管模式，创造了可复制、可推广的经验做法，为水资源税改革试点顺利推进提供有力的组织保障。

“水资源费改税”试点工作取得明显成效。一是抑制了地下水超采，地下水取水量明显下降。如河北省关停自备井 4 970 眼，60%的深层地下水埋深呈回升态势（杜丙照，2019）；天津市以地下水为主的行业同期取水量较改革前下降了 34.5%（戴向前等，2019）；山西省太原市所辖企业主动关闭自备井 22 眼，日均减少取用地下水量 6.2 万 m^3。二是企业用水结构得到优化，高耗水、特种行业用水方式逐步转变。如四川省纳入水利部门水量监控的 6 家大型造纸企业用水总量同期相比下降 63%。三是取水许可管理进一步规范，倒逼应办未办取水许可的用水户补办许可证，加大了对违法取水的打击力度。据统计，陕西省 369 户无证取用水户主动办证，并安装计量设施，缴税款约 900 万元。

3.2 存在的问题

（1）资源税扩围改革进展缓慢

《资源税法》的税目税率仅包含能源矿产、金属矿产、非金属矿产、水气矿产和盐等五大类品目，课税范围比较狭窄，扩围改革仍未全面推开，水资源税也未正式列入其范畴，致使某些稀缺资源处于无限开采的不良状态（赵术高等，2020）。不同类型资源的开发利用主体间税负不公未得到改变，不同地区扩围试点进展不同也导致地区间税负不公，割裂了税制的统一性。因资源类别及管理部门、管理级次不同，对森林、草原、滩涂等自然资源的开发利用还存在名目繁杂的行政性收费（赵鹏迪，2020）。耕地占用税、城市土地出让金以及城镇土地使用税、土地增值税等资源税费自成体系，与矿产资源税费体制存在较大差异，不利于统一资源税制体系。

（2）资源收费交叉重叠且征管效率差

资源税改革进程中，呈现出资源税强化、资源费弱化、资源租角色和具体实现形式未明确的特点，矿产资源中的矿业权占用费仍然存在定位不清的地方，尚未纳入资源税统一改革范畴的森林、草原等其他类别的行政性收费存在租、税、费不分的情况（赵术高等，2020）。其他税法中也存在一些具有资源性质的税收，如土地增值税、耕地占用税等，繁杂零散的相关政策无法形成一个完整全面的资源税制体系。除土地、矿产资源和水资源外的其他资源行政性收费制度效率差，不仅职能性质交叉重叠，征管标准不统一，而且征管手段匮乏，自由裁量权过大，征管效率差，还影响保护资源职能作用的充分发挥，不利于税务机关的征收管理。

（3）“水资源费改税”试点工作仍存在问题

从“水资源费改税”试点工作来看，由于开征时间短，缺乏规范性、系统性，还有一些问题需要进一步研究解决。一是计量方式不完善，计量设施不足。水资源税改革过程中存在计量方式不完善导致的用水征纳问题，从量计征方式无法实现价格联动，不能有效反映市场价格，计量准确度和精确度存在问题，尤其是农业用水计量设施严重不足，难以做到准确计量。二是农业生产取用水资源税征管难度大。除计量设施不足外，农业生产取用水户众多、分散度高，特别是小规模取用水户较多。现有水利、税务部门难以一一核查、登记、征税，征管成本高。三是部门协调机制仍不完善。水资源税征收工作涉及税务、水利等多个部门，需要部门之间的相互协作，目前水利部门与税务部门主要完成各自内部的相关事宜，征税过程中产生的问题大多采取临时措施解决，还未建立起长期有效的合作监管模式（孙玉坤，2019；李梅，2019）。四是水资源税政策宣传不足。部分用水户对政策不太了解，缺乏纳税意识。

3.3 建议

（1）以扩围和增负构建统一规范的大资源税体系

建议以绿色发展理念积极矫正开发利用自然资源外部性为扩围边界的做法，将资源税加快扩围到森林、海洋、草地、滩涂等生态价值和经济价值越来越明显的自然资源（窦晓冉，2019；赵术高等，2020）。对于具有稀缺特征和不可再生特征的自然资源，特别是发挥战略储备功能的原油、天然气和煤炭等资源，适当提高资源税税率，充分反映不同应税自然资源的稀缺性和不可再生性。按“简税制”要求，将包含耕地、城镇用地、森林、草原、湖泊、滩涂等所有可税自然资源类别统一整合到大资源税体系范畴内，根据不同的自然资源生态空间类别分设为资源税的不同税目，整合税目，简化税制，建立包含所有可税自然资源空间形态的，税负合理、结构科学、统一规范的大资源税收体系。

（2）进一步规范和完善资源租、税、费体系

资源税制改革可综合参照矿产资源和城镇土地资源租、税、费的成熟经验，进一步理顺扩围后资源税费体系中的租、税、费关系，统筹好租、税、费间合理的负担水平，积极发挥市场的引导与调节功能（赵术高等，2020）。保留政府部门提供特定服务成本补偿的行政性收费，建议取消类似矿业权占用费的行政性收费。应从整个国家统一税制建设的顶层设计层面，协调好不同税种、不同环节、不同领域乃至不同的纳税人以及最终税负承担者的制度协同与利益平衡问题。做好资源税与环境保护税的税负衔接，统筹资源品所涉及的消费税和增值税的税负。

（3）加快完善推进水资源税改革

一是优化计量方式，加大基础设施投入。水资源税按照从量计征和从价计征相结合的计量方式，鼓励推广用水、取水在线计量设施，统一

购置水表，并开展不定期抽查监控，确保水资源计量信息的一致、有效、准确。另外，在有条件的基础上加大水资源计量基础设施的投入，通过财政补贴、税收减免、投资退税等多种形式积极引导纳税人主动安装设施。二是推进农业生产取用水水资源税改革。进一步夯实农业生产取用水征收水资源税的基础工作，合理确定农业生产取用水限额标准，农业用水量较多取水户尽快加入水资源监控平台，进行在线监控，用水量较少的逐步提高农业用水效率、用水计量设施安装率。三是完善部门间的联动协调机制。各部门之间应采用“税收共治”的征管模式，尤其是水利和税务部门应明确各自职责，通过信息联网，构建信息共享交流平台，保障用水量、用水结构等实时信息的准确性和及时性，以便两部门齐抓共管，促进水资源管理水平提升。四是加强税改政策宣传。利用多种媒体媒介，广泛宣传“水资源费改税”对于促进水资源优化配置、保证国家水安全、促进生态文明建设等方面的重要意义，引导和鼓励群众积极参与到水资源税收制度中来。

4

交通类环境税收政策

当前，我国交通行业大气污染问题日益突出，已成为空气污染的重要来源，其中特大型城市及东部人口密集区域交通污染对 $PM_{2.5}$ 浓度的贡献率达 10%～50%以上。中共中央、国务院《关于全面加强生态环境保护　坚决打好污染防治攻坚战的意见》提出打好柴油货车污染治理攻坚战，统筹开展油、路、车治理和机动车船污染防治和落实相关税收优惠政策，可以看出交通行业大气污染治理是打赢蓝天保卫战的关键之一，利用经济政策尤其是税收政策是治理交通行业大气污染的重要手段。本章对交通行业的绿色税收政策整体情况进行评估和分析，提出了完善交通行业绿色税收的政策建议，并结合《柴油货车污染治理攻坚战行动计划》（环大气〔2018〕179 号）的要求，对促进柴油货车污染防治的经济政策进行了专题评估分析。

4.1 交通运输的绿色税收总体进展

4.1.1 国际交通行业绿色税收情况

交通行业绿色税收是一个广义的、综合的概念，一般包括与交通工具、油品和交通管理有关的绿色税收。结合生命周期理论，从投入环节、使用环节、排放环节以及丢弃环节梳理国内外相关经济政策。

4.1.1.1 投入环节

投入环节主要指购买车辆时产生的税收，主要包括车辆购置税、消费税等。美国投入环节的税种有车辆购置税、联邦销售税和州销售税。车辆购置税税率较低，相当于零售价的 4%；州销售税由州政府开征，税率由州政府决定，但州销售税与联邦销售税合计最高也不超过 6%。也就是说，其购置环节最高税负也只相当于零售价的 10%左右（陈萍，2016）。日本在投入环节设置了车辆购置税和消费税两种税收。其中车辆购置税从价计征，设置为差别税率（贾丽智，2012），商用车和轻型汽车的税率为零售价的 2%，私家车税率为零售价的 3%。

关于新能源、新科技领域的绿色交通税，欧盟各国相继出台了一系列相关政策。2017 年丹麦、荷兰两国降低了新能源车辆购置税，卢森堡和瑞典大大降低了使用清洁燃料车辆的税费，为购买和使用清洁燃料的车辆提供退税或全额免税的优惠政策。美国主要通过税收减免政策来估算汽车制造商生产环保型机动车的数量。对于插电式混合动力汽车，生产低速或电池容量大于 2.5 kW·h 的二轮和三轮电动车，企业可以获得车辆生产成本 10%的税收减免，最高可减免 2 500 美元；而生产四轮车辆企业可根据电池容量享有 2 500～7 500 美元的企业所得税税收返还。日本针对环保车辆也实行了许多税收优惠措施：对电动汽车、燃料电池汽车、插电式混合动力汽车、混合动力汽车、天然气汽车、清洁柴油汽车及达到 120%燃油效率标准的汽油汽车等环保车辆，免征车辆购置税；对达到 110%燃油效率标准的汽油汽车及混合动力汽车，减免 75%的车辆购置税；达到燃油效率标准的减免 50%车辆购置税。

4.1.1.2 使用环节

机动车在使用环节产生的税收主要包括车辆保有产生的税收、使用油品产生的税收以及治理交通拥堵产生的税收。在使用环节对机动车征税的目的之一是通过征税减少机动车的使用进而减少尾气的排放，保护环境。

（1）车辆保有产生的相关税收

日本对车辆保有征收包括汽车税、轻型汽车税以及汽车重量税三种税目。汽车税规定私家车与商务车分别按照排气量征税；轻型汽车税在划分商用车与私家车的基础上，再区分车辆用途规定不同的税率；汽车重量税的税率不仅以车辆重量为依据，根据其用途、持有检验证书年份等实行与车辆购置税相类似的分档税收优惠措施。同时，对电动汽车、燃料电池汽车、插电式混合动力汽车、混合动力汽车、天然气汽车、清洁柴油汽车等环保车辆免征汽车重量税。法国政府将车辆划分为柴油车与汽油车，并根据车辆首次登记时间来征收机动车税，同时设置多层次的税率等级。根据对环境影响的不同，不同车辆类型税率不同；对于相同车辆类型，由于首次登记车辆时间的差异，税率也会有所不同。德国在车辆保有环节征收机动车税，在法国划分税率依据的基础上，还将车辆的尾气排放标准作为依据。

（2）油品使用产生的相关税收

在发达国家，燃油税普遍存在，它是管理道路交通的基本手段。利用高额的油耗成本，来减少驾驶者使用车辆的频次，鼓励公众使用油耗较低、更加经济的小型车辆甚至减少车辆的购买（周全，2011）。美国对燃油税的主要征收方式是定额征收，联邦、州和地方实行不同的税率：联邦税率为 18.4 美分/加仑，州和地方为 28.6 美分/加仑。英国自 1979 年开始征收燃油税，税目中不仅含有汽油以及柴油，还包括其他如液化天然气等新型燃料，目的就是减少尾气排放，保护环境，因此燃油税开始征收便实行较高税率，并在往后的每一年根据实际情况上涨 2～3 次。虽然自 2011 年起英国已连续冻结燃油税不再上涨，但截至 2010 年，燃油税在油价中所占比例仍达 60%左右。德国的矿物油税的税目主要包括柴油、含铅汽油和无铅汽油，对于柴油及无铅汽油还根据其含硫量进一步划分了不同税率。日本的燃油税主要包括汽油税、地方道路税、柴油税、天然气税 4 个税种。汽油税和地方道路税均是对汽油征税，税率分别是 48.6 日元/L 及 5.2 日元/L；柴油税、天然气税的税率分别为 32.1 日元/L 和 17.5 日元/kg。

（3）道路拥堵产生的相关税收

城市拥堵收费最常见的形式是限制区域收费，即对于进入特定区域的使用者收取一定的税或费（王金南，2015）。主要是为了减少区域的污染排放以及减少不必要的能源消耗。而且这些政策不仅在缓解城市交通拥堵方面收益颇丰，对城市污染治理也发挥了一定的作用。

目前，有不少国家在其重要城市采取了不同程度的交通拥堵税费措施。例如，新加坡政府采取了城市道路收费、英国伦敦实施拥堵收费、瑞典斯德哥尔摩采用拥堵税、意大利米兰实施生态通行证制度等。其中伦敦市于 2003 年 2 月宣布对城市主要支干线的环形区域（共计 121 条线路）征收交通拥堵税。对进入规定区域的机动车辆，采用自动收费的方式，记录信息并上缴相关费用，税收标准为每日 5 英镑。该项政策是利用征收交通拥堵费的方式，让人们在出行方式的选择上深思熟虑，出于利益最大化的考虑，部分非刚性需求出行的市民便会放弃驱车前往，转而面向更加绿色的公共交通工具。据统计，伦敦政府在施行征收“交通拥堵费”政策后，实施区域中私家车的数量较以往减少了 20%～30%，公共交通的行驶速度提高了约 25%，不仅改善了城区交通拥堵，优化了交通环境，还能有效地减少汽车尾气的排放，减少大气污染。为保证政策的成功施行，伦敦政府将征收上来的“交通拥堵费”公之于众，公开透明地用于城市交通发展建设，做到“取之于民，用之于民”，最大限度地降低人们对交通拥挤费的排斥心理。

4.1.1.3 排放环节

（1）废气排放相关税收

国外对于交通行业废气排放相关的税收主要包括航空税和碳税。其主要目的都是通过经济杠杆，减少碳排放。

德国于 2011 年开始征收航空税，即针对航空业飞行时对大气造成的污染和危害所征收的税费。德国航空税的主要划分依据是与目的地的距离长短，税率根据目的地路程长短做出相应改变。距目的地路程小于等于 2 500 km 的税率为每名乘客 8 欧元，路程大于 2 500 km 并小于等于 6 000 km 的税率为每名乘客 25 欧元，路程大于 6 000 km 的税率为每名乘客 45 欧元。OECD 2018 年的报告显示，瑞典在 2018 年对航空旅行征收新税；荷兰宣布如果航空旅行的大气污染排放减少量没有达到要求，则 2021 年将对航空旅行征收新税，并优先在欧盟一级实施（OECD，2018）。

同时，为加强对汽车尾气排放的控制，欧盟主要对汽车二氧化碳排放征税，根据排放等级、燃料类型和区域类别确定不同税率，对于汽车超过规定排放二氧化碳的征收重税（闫彦明，2012）。德国于 2009

年 7 月开始在机动车税征收中增加了对二氧化碳排放量的考虑，对于新注册的机动车辆，其二氧化碳排放量低于 95 g/km 的免征机动车税，排放量超过此标准的则需缴纳 2 欧元/（g·km）的税费。法国实行奖惩并用的二氧化碳相关税收政策来引导人们购买低能耗低排放的车辆。购买车辆时，对于二氧化碳排放量低于 90 g/km 的车辆依据不同的排量设置不同力度的补贴，当排放量大于 130 g/km 时则需要依据排量的不同缴纳相应的惩罚性税费；对于商用车，法国依据二氧化碳排放量对其征收公司车辆税，对排放量高的车辆不仅征收碳税还要额外征收惩罚性税款（表 4-1）。

表 4-1　法国二氧化碳相关税收

项目	税目		税率
公司车辆税	每千米二氧化碳排放量	≤50 g	0
		51～100 g	2 欧元/（a·g·km）
		101～120 g	4 欧元/（a·g·km）
		121～140 g	5.5 欧元/（a·g·km）
		141～160 g	11.5 欧元/（a·g·km）
		161～200 g	18 欧元/（a·g·km）
		201～250 g	21.5 欧元/（a·g·km），额外 1 240 欧元/a
		≥251 g	27 欧元/（a·g·km），额外 2 315 欧元/a
购车补贴	每千米二氧化碳排放量	≤20 g	6 300 欧元
		21～60 g	4 000 欧元
		61～90 g	150 欧元

数据来源：OECD 数据库。

（2）噪声税

发达国家征收噪声税，是指当地政府对航空公司在规定区域内产生的噪声超过某个标准的行为而征收的税款，其主要目的是政府可由税款来筹集资金用于在规定的噪声区域内建设减噪设施、安置由于噪声污染而需搬迁的居民等。在美国洛杉矶，政府已经对机场的旅客数量以及货物重量征收噪声税，其他国家如日本、德国、荷兰等国，政府则是按照飞机着陆的数量来对航空公司征收噪声治理税。

4.1.1.4 丢弃环节

丢弃环节的政策主要是指促进旧车淘汰的相关政策。发达国家同时采取收费和奖励政策来促进人们淘汰废旧车辆。如日本对车龄超过时限的机动车（11 年及以上的柴油车以及 13 年及以上的汽油车）额外加征 10%的汽车税；瑞典对报废车辆实施收费和奖励的政策以防止废车随意弃置，政策规定，所有 3.5 t 以下的机动车（摩托车除外）都应缴纳 850 克朗的汽车报废税，其收入用于将报废车辆弃于指定汽车报废场所的车主退税，退税额为 500 克朗。在希腊、瑞典、丹麦等欧洲国家均使用类似政策，目的是鼓励人们弃置废旧大排放的旧车，重新购买能达到更高排放标准的新车，同时旧车弃置的问题也得到了处理。因此税率高低和车辆拥有者的环境意识水平是这类政策实施成功的关键。

4.1.2 我国交通行业相关税收现状与不足

4.1.2.1 投入环节环保引导效应不足

我国消费者在购买车辆时需要缴纳消费税、车辆购置税。其中车辆购置税是于 2001 年取代车辆购置附加税开征的税种。其征税对象是在我国购置应税车辆的单位和个人，税率为销售价格的10%。车辆消费税的征税范围主要包括乘用车、中轻型商用客车等，税率依据机动车排量不同从1%到40%不等（表4-2）。但是消费税一般由国家向厂商征收，厂商会根据自己的成本在统一市场价中转移一部分给消费者。

表4-2　小汽车消费税税目税率

税目	税率/%	
	生产（进口）环节	零售环节
1. 乘用车：	—	—
（1）气缸容量在1.0 L（含1.0 L）以下的	1	—
（2）气缸容量在1.0～1.5 L（含1.5 L）的	3	—
（3）气缸容量在1.5～2.0 L（含2.0 L）的	5	—
（4）气缸容量在2.0～2.5 L（含2.5 L）的	9	—
（5）气缸容量在2.5～3.0 L（含3.0 L）的	12	—
（6）气缸容量在3.0～4.0 L（含4.0 L）的	25	—
（7）气缸容量在4.0 L以上的	40	—
2. 中轻型商用客车	5	—
3. 超豪华小汽车①	按税目1和税目2的规定征收	10

数据来源：财政部网站。

对于新能源汽车，根据《关于2016—2020年新能源汽车推广应用财政支持政策的通知》（财建〔2015〕134号）、《关于免征新能源汽车车辆购置税的公告》（财政部公告 2017年第172号）的规定，2016—2020

① 每辆零售价格在130万元（不含增值税）及以上的乘用车和中轻型商用客车。

年，当消费者购买规定范围内的车辆时，可以按照汽车的零售价扣减补贴的费用后支付购买车辆；2018—2020 年，免征车辆购置税。同时，国家为了鼓励消费者购买新能源汽车，电动汽车还未纳入消费税征收范围。在政策的扶持下，如图 4-1 所示，新能源汽车的保有量及其占汽车保有量比重均稳定增长。

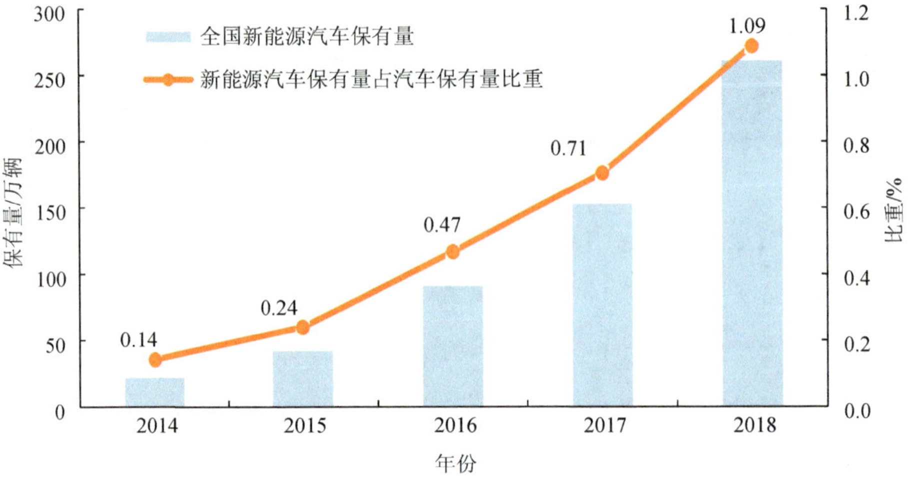

图 4-1　新能源汽车保有量及其占比

我国在车辆投入环节没有体现环保理念。与日本采用差别税率相比，我国的车辆购置税采用统一税率进行征收，没有考虑车辆的排量或耗能等情况。且其优惠政策也仅针对新能源汽车，对于非新能源但低排放低耗能的车辆缺乏相关优惠政策。同时，我国的消费税以价内税的形式征收，大部分消费者对于自己购买车辆的税负没有明确的概念。虽然目前对新能源车辆有补贴和税收优惠政策，但这两项政策均仅执行至 2020 年，而新能源车辆的成本较高，政策完全退出之后，消费者对新能源车辆的购买欲望可能会受到影响。可以看出目前我国在投入环节的税收及优惠政策对于引导消费者购买更加环保的车辆效应不足。

4.1.2.2 使用环节绿色化程度低

（1）我国车船税率划分依据单一

在我国，对拥有车辆、船舶的单位或个人在保有阶段征收的税称为车船税。车辆的税额由省、自治区、直辖市人民政府依照《中华人民共和国车船税法》所附《车船税税目税额表》规定的税额幅度和国务院的规定而确定。车船税税率依据车辆的种类用途不同，区分不同的税率。其中对于乘用车车船税的税率，与消费税对应，主要依据气缸容量分为7 档（表 4-3）。对于新能源汽车，《关于节约能源使用新能源车船车船税优惠政策的通知》（财税〔2015〕51 号）规定对节约能源的车船减半征收车船费，使用新能源的车船免征车船税。

表 4-3 乘用车车船税税率

税目①	年基准税额/元
（1）1.0 L（含）以下的	60～360
（2）1.0 L 以上至 1.6 L（含）的	300～540
（3）1.6 L 以上至 2.0 L（含）的	360～660
（4）2.0 L 以上至 2.5 L（含）的	660～1 200
（5）2.5 L 以上至 3.0 L（含）的	1 200～2 400
（6）3.0 L 以上至 4.0 L（含）的	2 400～3 600
（7）4.0 L 以上的	3 600～5 400

①乘用车按发动机气缸容量分档。

数据来源：《中华人民共和国车船税法》。

相较于国外通过划分汽车种类、使用年限、汽车重量等调整税率等级、提供优惠政策，目前我国车船税税率划分依据仍显不足。我国车船税的设计以气缸容量为依据，但这仅是机动车污染排放的因素之一，其他重要因素还包括机动车的燃油效率、使用燃料类型、汽车重量等。可以推测使用先进技术或清洁型燃料的大气缸容量机动车完全有可能比气缸容量小的机动车更加节能减排。

（2）国内成品油消费税环保效益不高

成品油消费税，又被称为“燃油税”，是我国消费税税种下的一个税目，由公路养路费转化而来。成品油消费税包括 7 个子税目，本书主要涉及其中关于汽油以及柴油的两个子税目。我国曾将汽油分为无铅汽油以及含铅汽油，实行不同的税率，对其分别征收 1.0 元/L 和 1.4 元/L 的税额，2000 年国家禁止生产销售含铅汽油，2014 年国家规定取消车用含铅汽油消费税，汽油子税目统一按照无铅汽油税率来征收消费税。我国的成品油消费税采用的是固定税率，由国家税务机关按律定期调整，目前的税率汽油为 1.52 元/L，柴油为 1.2 元/L。

我国的成品油消费税占成品油价格的 20%左右，与国外 60%的比例相比税负较低，且汽油和柴油的污染程度差距大但其税率差距小，对引导消费和环境保护没有起到调节作用。根据 OECD 对 2017 年 OECD 国家汽油和柴油零售价格中的税收（增值税和消费税）占比的统计，汽油税收占比最高的国家是荷兰（67.5%），占比最低的国家是墨西哥（13.8%），36 个 OECD 国家平均汽油税收占比为 55%。柴油税收占比最高的国家是英国（64.1%），占比最低的国家是新西兰（13.5%），36 个 OECD 国家平均柴油税收占比为 49.0%。从我国成品油（汽油和柴油）的零售价格来看，以北京市 2020 年 1 月 10 日的汽油柴油销售价格为例，92#汽油价格为 6.990 元/L，0#柴油价格为 6.670 元/L。初步估算我国汽油和柴油价格中的税收占比：总税价（包含消费税、增值税、城建税和教育税及附加）占汽油和柴油零售价比例分别为 37.22%和 33.04%，其中消费税占汽油和柴油价格比例分别为 21.75%和 17.99%，增值税占汽油和柴油价格比例均为 11.50%（表 4-4）。通过对比可知，我国汽油和柴油零售价格中的税收占比与 OECD 平均水平相比还有较大差距。

表 4-4　北京市 2020 年 1 月的 92#汽油和 0#柴油零售价税收占比情况

单位：元/L

税种	汽油	柴油
零售价	6.990	6.670
消费税	1.520	1.200
增值税	0.804	0.767
城建税	0.162	0.138
教育税及附加	0.070	0.060
地方教育费附加	0.046	0.039
总税价占比/%	37.22	33.04
消费税占比/%	21.75	17.99
增值税占比/%	11.50	11.50
消费税和增值税共同占比/%	33.25	29.49

消费税征税范围较窄，我国目前仅对汽油和柴油征税，英国和日本除对传统的汽油以及柴油征收税费之外，还对液化天然气、液化石油气等新型燃料征税，目的就是减少尾气排放、保护环境。

（3）国内对交通拥堵还未采取经济政策

与国外相比，我国交通拥堵税仍为空白区域，目前为止并未在任何城市出台相关城市交通拥堵税的政策或规定。我国目前解决城市交通拥堵主要采取的手段有机动车限行、摇号限购以及在市区中心主干道采取停车收费等相关措施，还没有开始使用经济手段对城市交通拥堵现状加以控制。虽然上述措施在最初投入使用时确实起到了一定缓解交通拥堵的作用，但仍是“治标不治本”。如图 4-2 所示，汽车保有量每年的增长速度虽在减缓，但其总量仍逐年稳定增长。随着经济的稳定发展，经济实力较强的家庭会倾向于购买多辆车以避免限行限制的情况，这与原本设立限行措施的目的背道而驰。长此以往，交通拥堵的问题仍将再次出现。因此控制汽车保有量并不是解决拥堵一劳永逸的方法，应通过提高机动车使用阶段成本的方式来解决问题。

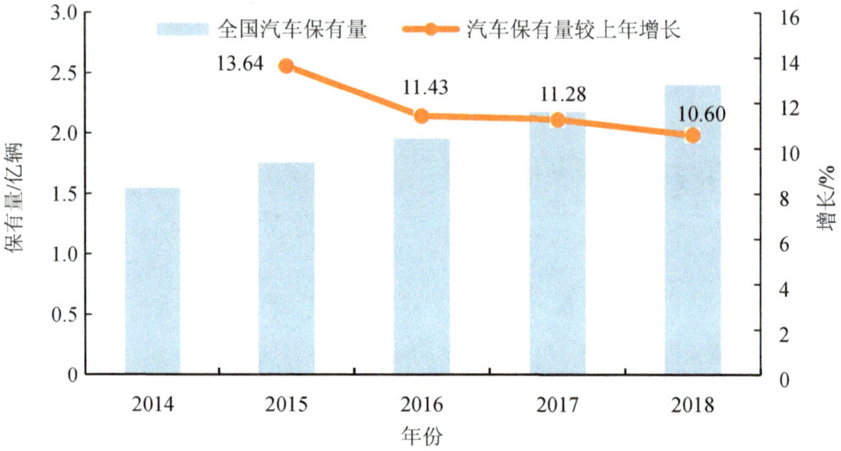

图 4-2　全国汽车保有量及其增长趋势

4.1.2.3　排放环节税收手段缺失

我国的《环境保护税法》规定对机动车等流动污染源排放应税污染物的暂时免征环境保护税。因此目前我国没有针对汽车排放污染物行为收税，也没有开征碳税，在航空旅行方面虽然征收了民航发展基金和燃油附加费，但民航发展基金主要是为筹集机场建设经费设立；燃油附加费则是为了弥补航空公司的燃油成本，均不是出于环保角度设立的。

我国对移动源排放征收税费的缺失，无法体现“污染者付费”原则。随着机动车保有量的不断增长，其尾气排放已成为大气污染的主要贡献者之一，部分城市机动车排放已经成为 $PM_{2.5}$ 的首要来源。其中汽车排放的一氧化碳、碳氢化合物分别占机动车排放相应污染物的 80%以上；汽车排放的氮氧化物和细颗粒物占机动车排放相应污染物超过 90%。对机动车排放造成的环境污染相关税收应尽快确定。

4.1.2.4 丢弃环节政策延续性不足

中央财政取消了老旧汽车报废补贴。我国于 2014 年 11 月颁布了《车辆购置税收入补助地方资金管理暂行办法》（财建〔2012〕50 号），其中第五条将老旧汽车报废更新项目纳入车购税资金支出范围。财政部又于 2015 年 3 月发布《关于印发 2015 年度车辆购置税收入补助地方资金用于交通运输节能减排、公路甩挂运输试点、老旧汽车报废更新项目申请指南的通知》（财办建〔2015〕13 号），规定了旧车报废更新项目的申请条件及补贴标准。但是，财政部于 2016 年 12 月发布《关于清算老旧汽车报废更新中央财政补贴资金的通知》（财建〔2016〕1006 号），将老旧汽车报废更新补贴政策和黄标车淘汰补贴政策整合，中央财政不再从车辆购置税中安排老旧汽车报废更新补贴，由地方政府根据大气污染防治工作需要，自行决定是否实施补贴政策。

地方补贴政策对于促进老旧车辆淘汰更新的效果不足。一是地方政府依据自身污染情况与财政情况自行设置补贴标准差异较大，据不完全统计，目前已出台地方补贴政策的有北京、山东、海南、深圳、杭州、南京等省、市，对于 2019 年申请淘汰的，6 省、市的最高补贴标准在 4 万～8.55 万元，差距较大。而最高的补贴标准无法支持购买新车，导致人们对于主动报废老旧车辆的积极性不高。二是政策均是通过予以补贴，促进车辆的“新陈代谢”，国外则除施行补贴政策外还对车龄超过时限的老旧车辆征收额外的税费，收费与优惠双管齐下，促进人们淘汰废旧车辆。三是针对车辆随意弃置的情况，相关政策仍未完善，如何防止车辆随意弃置的情况出现，政策上又应该做出何种调整是我们应当思考的问题。图 4-3 对国内外各环节绿色税收情况做出了对比。

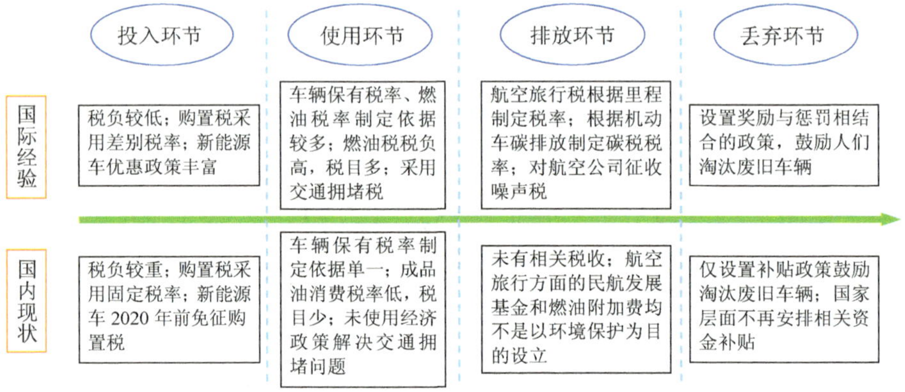

图 4-3　国内外各环节绿色税收情况对比

4.1.3　完善我国交通行业绿色税收的政策建议

（1）在车辆购置税方面实行分档征收

对高能耗、高污染汽车实行高税率征税，对低能耗汽车实行低税率征税，或设置一定的补贴或税收返还政策，以达到限制高污染车辆购买的目的。在 2009—2010 年和 2015—2017 年，我国对 1.6 L 及以下排量的乘用车的车辆购置税实施优惠政策，可借鉴其税率的梯度划分，进一步细致地划分对应的差别税率（瞿茜阳，2019）。

（2）车船税的征收应该综合考虑油耗量与其他因素

当前仅以排气量为依据设置的车船税税率仍然较为片面，应该考虑燃油消耗量和尾气污染物的排放量，并在原来的基础上，设立不同梯度的税率，贯彻高能耗、高污染、高缴税的原则，以此引导人们购买经济、环保、低能耗的汽车，进一步加强税收绿色化。

（3）完善成品油消费税计税方式

一是研究提高成品油消费税税率，保证提高后的税率让消费者可以接受但又有利于环境改善；二是扩大成品油消费税的征税范围，将液化石油、液化天然气等新型燃料纳入征税范围，防止通过替换石油产品出现的避税行为。

（4）对重点城市城区拥堵地段试行交通拥堵税

在城市中心划分区域，限时对进入市中心的车辆征收交通拥堵税，引导部分非刚性需求出行的市民减少对私家车的使用，选用更加绿色的公共交通工具。将征收的“交通拥堵费”设为专项资金，用于城市交通建设，城市绿化等项目，缓解交通压力，建设绿色城市，做到“取之于民，用之于民”，逐渐形成良性循环。

（5）在丢弃环节采用奖罚并用的政策促进老旧车辆淘汰更新

目前我国对于促进老旧车辆淘汰更新仅有补贴政策，且补贴幅度不足以提高人们主动报废老旧车辆的积极性。政府可以研究制定对超过一定年限的老旧车辆加征相应的车船税，同时分时段对老旧车辆实行限行政策，从惩罚性税收及限制使用等角度倒逼人们主动报废车辆。

（6）在投入和使用环节加大对新能源汽车的政策支持力度

研究制定现有补贴、免税等优惠政策退出后的鼓励购买政策，对新能源车辆生产厂商综合运用免税、减税和税收抵扣等多种税收优惠政策，促进绿色交通技术的研发应用，降低消费者购买新能源车辆成本，引导人们购买使用新能源汽车。此外，国家对新能源汽车的政策扶持范围应该尽可能涵盖汽车使用阶段，如针对新能源汽车在电池使用与续航方面的种种不便，政府应进一步加强在城市区域内的公共充电场所以及小区充电桩的建设。同时，对新能源汽车实行交通拥堵税免征政策，新能源汽车可以随时出入城市各个角落。利用经济手段改善城市交通拥堵状况的同时，鼓励消费者购买新能源汽车，给予消费者更加多元化的激励措施。

4.2 促进柴油货车污染防治的经济政策分析

我国机动车等移动源数量的增多，加剧了大气环境污染。根据我国2018年机动车构成及污染物排放情况，柴油货车在汽车当中保有量占比虽小，但污染贡献率很大。环境经济政策作为一种长效政策手段，能够有效推动柴油货车污染防治工作的开展。

柴油货车排放的大气污染物PM中绝大多数为$PM_{2.5}$，$PM_{2.5}$粒径很小，含有大量的有毒有害物质，进入人体内会影响身体健康，同时$PM_{2.5}$等颗粒物在一定环境条件下，会引发持续性的严重雾霾天气，影响大气环境质量。打赢蓝天保卫战，必须要打赢柴油货车污染治理攻坚战，需要综合运用多种手段协同治理。环境经济政策是运用财政、税收、价格等经济杠杆，调整和影响当事人环境行为，具有执行成本低、灵活性强等特点，在污染防治和环境保护工作中发挥着越来越重要的作用。《柴油货车污染治理攻坚战行动计划》（环大气〔2018〕179号）中提出要加强税收和价格政策激励。

4.2.1 柴油货车污染排放问题概述

《中国移动源环境管理年报（2019）》（以下简称《年报》）数据显示，

2018年，我国机动车保有量又创新高，达到3.27亿辆，已连续10年成为世界机动车产销第一大国，其中汽车保有量占比高达75.2%，占据主导地位。全国柴油货车保有量1 818万辆，占汽车保有量的7.9%［生态环境部，中国机动车环境管理年报（2019）］。按排放标准阶段划分，国二及以下标准的柴油货车11.3万辆，占0.6%；国三标准的柴油货车829.9万辆，占45.6%，占比最高；国四标准的柴油货车683.2万辆，占37.6%；国五标准的柴油货车293.6万辆，占比16.2%，如图4-4所示。

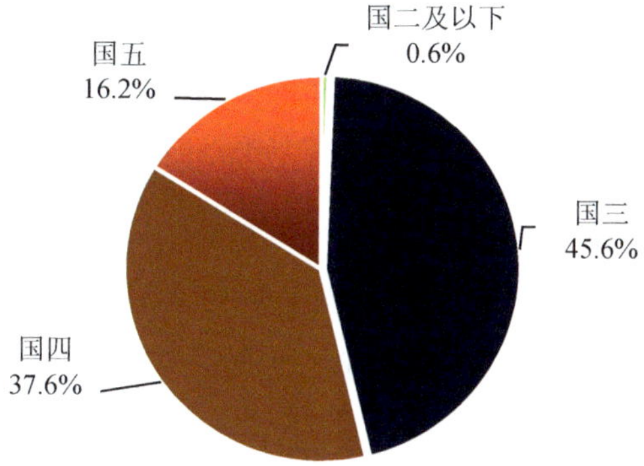

图4-4　按排放标准阶段划分的柴油货车保有量构成

《年报》数据显示，2018年，全国汽车四项污染物（CO、HC、NO_x、PM）排放总量为3 750.1万t，是机动车大气污染排放主要来源，其排放的CO、NO_x和PM在机动车污染排放中占比超过90%，HC超过80%。然而，占汽车保有量仅7.9%的柴油货车，其排放的NO_x和PM分别占汽车排放总量的60%和84.60%，排放污染物占比构成如图4-5所示。我国当前以公路运输为主的货运方式，以柴油货车运输长途大宗货物（煤炭、钢铁、金属矿石）的交通结构布局（丁焰，2018），加剧了柴油货车高污染高排放。因此，对柴油货车污染排放的治理，是减少城市雾霾天气、加强大气污染防治工作的重要举措。

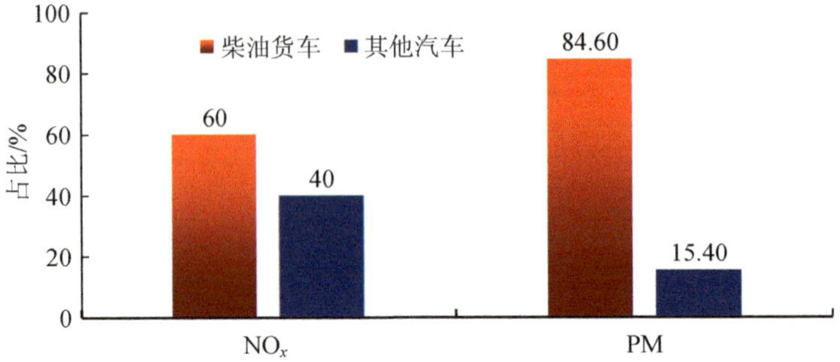

图 4-5　各类型汽车 NO_x 和 PM 排放量占比

在柴油货车中，不同排放标准阶段车辆保有量占比及污染物排放量占比如图 4-6 所示，可以看出国三排放标准车辆保有量占比 45.6%，污染物排放占比在 58.2%以上。国五排放标准车辆保有量占比 16.2%，污染物排放占比在 9.8%以下。国三排放标准柴油货车污染物排放强度大，其污染物排放量分别是国四和国五的多倍，每辆柴油货车排放量相当于 150～200 辆小客车，应加快国三及以下柴油货车的更新淘汰速度。

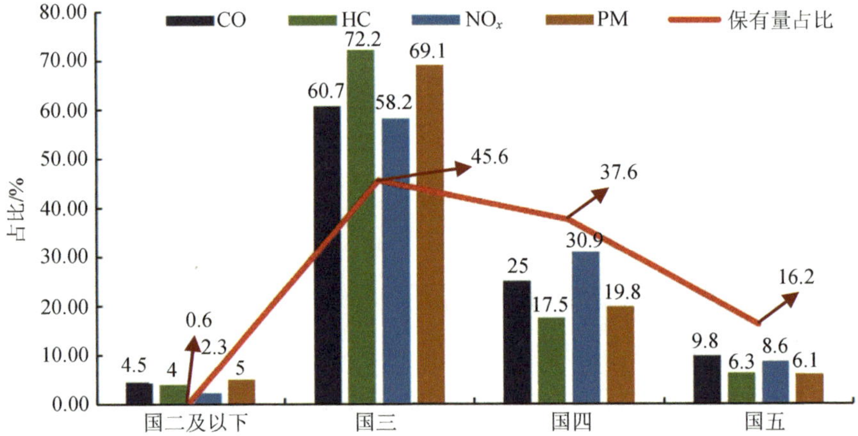

图 4-6　不同排放标准阶段柴油货车保有量占比及污染物排放量占比

4.2.2 柴油货车污染防治是污染防治攻坚战的重点之一

国家高度重视柴油货车的污染治理。2013 年 9 月，国务院印发《大气污染防治行动计划》（国发〔2013〕37 号），具体措施中提出合理控制机动车保有量，降低机动车使用强度。2017 年及之前的国务院政府工作报告中，对机动车污染防治提到的关键词是“鼓励发展节能环保型汽车”“推进/发展新能源汽车”“淘汰黄标车和老旧车”“对高排放机动车进行专项整治”等，没有直接提及“柴油货车”一词。2018 年国务院政府工作报告对机动车专项治理进行具体细化，首次提出开展柴油货车专项治理工作。随后习近平总书记在 2018 年中央财经委员会第一次会议上对打好污染防治攻坚战的目标任务进行了明确，并要求打几场标志性的重大战役，其中之一就是打好柴油货车污染治理攻坚战。在中共中央、国务院发布的《关于全面加强生态环境保护　坚决打好污染防治攻坚战的意见》中，打好柴油货车污染治理攻坚战被纳入“坚决打赢蓝天保卫战”的一项重要任务。随后国务院发布的《打赢蓝天保卫战三年行动计划》（国发〔2018〕22 号）中，将柴油货车污染治理列入重大专项行动之一。

为了响应国家政策号召，柴油货车污染治理工作被迅速提上日程。2018 年 7 月，生态环境部部长李干杰在生态环境部常务会议上，强调了柴油货车的污染治理，并表示柴油货车污染治理攻坚战作为党中央确定的打好污染防治攻坚战的七大标志性重大战役之一，对打赢蓝天保卫战具有重要意义。2019 年 1 月，生态环境部发布了《柴油货车污染治理攻坚战行动计划》（环大气〔2018〕179 号）。随后各省（区、市）为了贯彻落实国家要求，根据当地实际情况，陆续出台制定了当地柴油货车污染防治行动计划。

4.2.3 柴油货车污染防治的经济政策评估

目前我国运用的与柴油货车相关的环境经济政策主要有税收和财政补贴，本节从促进柴油货车污染治理的角度对目前相关经济政策的实施情况进行评估。

4.2.3.1 汽车消费税未把货车纳入征税范围

汽车消费税的征收对象是生产商，采取价内税的形式，按照乘用车排气量，把税率划分在 1%～40%；排量越高的，征收的税率就越高，反之则相反（包智勇，2014）；汽车消费税较大幅度的税率差别，有效鼓励了小排量汽车市场销量，同时对大排量汽车起到较大的抑制作用，在一定程度上减轻了环境污染程度。当前我国只对摩托车、乘用小汽车以及中轻型商务客车征收汽车消费税。重型货车多采用柴油发动机，排放的污染物中 NO_x 和 PM 污染贡献率最大，却未纳入消费税征收范围。

4.2.3.2 成品油消费税未按油品用途划分税额

成品油作为消费税的一项税目，包括 7 个子目，即汽油、柴油、石脑油、溶剂油、航空煤油、润滑油、燃料油。黄春元（2017）曾运用滞后内生变量模型以及工具变量模型对我国人均柴油的需求进行回归分析，结果表明无论在短期还是在长期，征收或提高柴油消费税都会带来需求量的大幅下降，柴油消费情况明显得到抑制，柴油货车的使用和污染情况也会得到改善。为了促进节能减排和环境治理，我国多次上调成品油消费税税率，目前汽油单位税额为 1.52 元/L，柴油单位税额为 1.2 元/L。提高成品油消费税带来的财政收入一部分用于增加治理环境污染、应对气候变化，另一部分用于鼓励新能源清洁汽车发展（黄春元，

2018)。汽油和柴油的污染程度差距大但税率差距较小，而且未按用途划分差额税率，不利于依靠税率差抑制柴油货车的使用。

4.2.3.3 车辆购置税未按车型等实行差额税率

车辆购置税是对汽车、摩托车等在购置环节对车辆所有人征收的一个税种，属于一次性缴费，采用从价定率办法计算应纳税额。早期对小排量汽车实行低税率优惠政策，经过起起落落的调整，最终确定2018年1月1日起，恢复统一按10%的法定税率征收车辆购置税。多年的小排量汽车优惠税收政策调整，有利于带动小排量汽车市场销量，减少汽车污染物排放总量。2017年12月，财政部等部门发布的《关于免征新能源汽车车辆购置税的公告》(财政部公告2017年第172号)中提出，2018—2020年仍继续对购置的新能源汽车免征车辆购置税，进一步提升了新能源汽车对燃油车的竞争力，开拓了新能源汽车的市场，减少了污染物的排放(李永钧，2018)。但车辆购置税仍存在一些不足，我国车辆购置税按10%的标准税率统一征收，没能按车型油耗、吨位、排放标准对高污染的柴油货车实行差额税率，不利于抑制柴油货车市场(张荣庆，2010)。对于新能源汽车，目前车辆购置税的优惠政策暂延续到2020年。

4.2.3.4 车船税未能按污染贡献率征收差额税额

车船税是在车船保有环节对汽车所有人征收的一个税种，表4-5按用途分类列举了部分车辆的征收税额。乘用车按照排气量对税额划分层次，有利于打开小排量汽车市场，促进节能减排。货车按辆和吨位实行从量定额征收，税额固定在一定范围内，对重型货车有一定的抑制作用。对节能汽车减半征收车船税，对新能源车船免征车船税，有效促进了新能源货车的发展。征收车船税，能够有效抑制大排气量乘用车以及重型货车的市场，降低环境污染程度。但是不同油品和排放标准的货车污染物贡献率不同，现有的车船税未根据污染物的排放量和污染程度来实行差额税额，不利于引导节能减排。

表 4-5 车船税税目税额

税目（子税目）		计税单位	年基准税额/元	备注
乘用车［按发动机气缸容量（排气量）分档］	1.0 L（含）以下的	每辆	60～360	核定载客人数 9 人（含）以下
	1.0 L 以上至 1.6 L（含）的		300～540	
	1.6 L 以上至 2.0 L（含）的		360～660	
	2.0 L 以上至 2.5 L（含）的		660～1 200	
	2.5 L 以上至 3.0 L（含）的		1 200～2 400	
	3.0 L 以上至 4.0 L（含）的		2 400～3 600	
	4.0 L 以上的		3 600～5 400	
商用车	客车	每辆	480～1 440	核定载客人数 9 人以上，包括电车
	货车	整备质量每吨	16～120	包括半挂牵引车、三轮汽车和低速载货汽车等

4.2.3.5 不同地区柴油货车淘汰补贴差距大

《柴油货车污染治理攻坚战行动计划》（环大气〔2018〕179 号）中明确提出：2020 年年底前，京津冀及周边地区、汾渭平原加快淘汰国三及以下排放标准营运柴油货车 100 万辆以上。为了加快柴油货车淘汰速度，在淘汰环节对柴油货车报废给予财政补贴，从目前各省、市车辆淘汰补贴标准来看，不同地区间存在较大差异，详见表 4-6。上海市对提前报废时间满一年以上（含一周年）的国三标准柴油车，2019 年 10 月 1 日—2020 年年底，根据车型、投放时间给予差别化淘汰补贴，按统一补贴标准执行。北京市把柴油货车淘汰补贴政策分为三个阶段执行，每个阶段制定了不同的淘汰补贴标准，越早淘汰补贴越高，在淘汰补贴政策下，2018 年北京市共淘汰国三运营柴油货车 2.7 万辆。为了促进柴油货车淘汰，北京市将淘汰补助截止日期由 2019 年 9 月 20 日延长至 2019 年 10 月 31 日。济南市安排专项财政资金 5.1 亿元对柴油车进行淘汰补贴，力争两年内淘汰 3.4 万辆老旧柴油车。杭州市按照柴油货车的年限和车型划分补贴标准，同时期车型越大，补贴价格越高。同型车辆使用年限越少，淘汰补贴价格越高。各省、市对柴油货车报废给予财政补贴可以加快淘汰进程。但也存在一些问题，以上不同地区实施的补贴标准和政策有较大差异，部分省、市由于淘汰补贴金额较低、补贴时间过短、未划分时间阶段等原因，可能会影响淘汰力度，不能有效完成柴油货车淘汰任务。同时，目前出台报废国三柴油货车补贴标准的省、市大多是国家规定的重点区域，其余省、市对柴油货车淘汰工作的积极性不高。

表 4-6　部分省、市柴油货车淘汰政府补贴标准汇总

省、市	淘汰补贴时间	最高补贴标准/（万元/辆）	最低补贴标准/（万元/辆）	待淘汰车辆数/万辆
北京市	2017.9.21—2018.6.30	10	0.7	10
	2018.7.1—2019.6.30	8	0.56	
	2019.7.1—2019.10.31	6	0.42	
济南市	2018.1.1—2019.12.31	4	0.7	3.4
上海市	2019.10.1—2020.12.31	6.8	0.3	—
杭州市	2018.6.10—2019.12.31	3.8	1.05	11

<table>
<tr><th>省、市</th><th>淘汰补贴时间</th><th>最高补贴标准/（万元/辆）</th><th>最低补贴标准/（万元/辆）</th><th>待淘汰车辆数/万辆</th></tr>
<tr><td rowspan="3">陕西省</td><td>2018.1.1—2018.12.31</td><td>3.3</td><td>0.6</td><td rowspan="3">11</td></tr>
<tr><td>2019.1.1—2019.12.31</td><td>3</td><td>0.5</td></tr>
<tr><td>2020.1.1—2020.12.31</td><td>2.6</td><td>0.4</td></tr>
<tr><td rowspan="4">深圳市</td><td>2018.7.1—2018.12.31</td><td>9.5</td><td>1</td><td rowspan="4">15.8</td></tr>
<tr><td>2019.1.1—2019.6.30</td><td>8.55</td><td>0.9</td></tr>
<tr><td>2019.7.1—2019.12.31</td><td>7.6</td><td>0.8</td></tr>
<tr><td>2020.1.1—2020.6.30</td><td>6.65</td><td>0.7</td></tr>
<tr><td>天津市</td><td>2019.4.29—2019.6.10</td><td>0.9</td><td>0.4</td><td>—</td></tr>
<tr><td>南京市</td><td>截至 2020.12.31</td><td>3.8</td><td>0.4</td><td>6.7</td></tr>
<tr><td>武汉市</td><td>2019.8.1—2020.7.31</td><td>3.8</td><td>1.45</td><td>—</td></tr>
</table>

4.2.3.6 新能源汽车补贴力度下降

在购入环节，国家从 2010 年开始对新能源汽车实行财政补贴政策，有效打开了新能源汽车市场，2018 年上半年我国新能源汽车销量已经占据全球总销量的 50%。新能源汽车推动了小排量节能汽车市场的发展，但未有效打开新能源货车的市场。同时 2019 年新能源汽车补贴力度大幅下滑，国家补贴标准降低约 50%；把 3 月 26 日—6 月 25 日设为过渡期，过渡期后，地方不给予购置补贴，新能源车辆购置积极性将会受到影响。

4.2.4 国际柴油货车污染防治经济政策经验

税收方面，欧盟在对柴油征收消费税时，主要的优惠措施包括豁免消费税或者根据用途实行差别税率等，不同国家税收优惠政策的力度也不相同。例如，比利时按柴油用途划分，对作为农业用机动车燃料的柴油和农业、园艺、养鱼业、林业以及铁路使用的柴油免征消费税，而丹麦主要采取降低消费税税率的方式对部分用途的柴油实施优惠。日本对车辆购置税实行差额税率，税率为 3%～5%，小型车的购置税只相当于大型车的 50%左右，有效打开了小型汽车市场。日本没有单独设立车船税，车船税税费直接包含在柴油价格里。

补贴方面，日本和瑞士都主要采用奖罚并行政策，日本政府对于加装降低污染物装置的车辆削减最高达 50%的税收，对使用 11 年以上的柴油车增加 10%税收；2002—2004 年，日本东京都市圈的柴油车全部完成改造，都安装了颗粒物后处理装置；交通干道安装的监控器实时监测过往车辆，对污染物排放超标的柴油货车处以高额罚款。瑞士对加装了 DPF（颗粒物捕集器）的车辆会进行检查，合格的发放绿色标识，不合格的就被淘汰停止使用，若发现不合格的继续使用，则处以高额罚款；排放车辆必须自己承担 DPF 系统的安装费用，政府不实行 DPF 补贴政策，若积极配合车辆装置改装，会给予税收优惠（王燕军，2016）。韩国主要采用政府补贴经济政策对柴油车进行改造，2005 年，政府总投入 1 894 亿韩元对柴油车安装排放控制装置（DPF）和 DOC（氧化催化器）；总重超过 2.5 t 且使用期限超过 7 年的柴油车，政府采取强制性措施，车主需要配合措施将现有的发动机改装成环保发动机，或者提前报废车辆；车龄超过 10 年的老旧柴油货车要提前报废并限制其进入首都圈地区、报废时会在当前价值的 50%水平上进行补贴（于心怡，2019）。韩国政府因为大规模采用财政补贴减轻了车主压力，所以在较短时间内就完成了柴油车改造计划。

4.2.5 促进柴油货车污染防治的经济政策建议

我国通过车辆购置税、车船税、消费税、黄标车和老旧车辆淘汰补贴和新能源汽车购入优惠等经济政策，在柴油货车购买、使用、消费、淘汰全过程形成了保障，但现存经济政策仍有欠缺和不足之处，因此提出以下促进柴油货车污染防治的经济政策建议（龙凤，2019a）。

扩大汽车消费税征收范围，对货车实施差额消费税。建议把货车纳入汽车消费税征收范围。按车型、燃料类型、排放标准实施差额消费税。秉承“多污染高收费”的原则，对新能源货车免征或少征消费税，对重型柴油货车多征消费税。在柴油货车生产环节就进行严格质量把关，从源头上促进节能减排。

调整油品税率结构，按用途划分差额税率。建议进一步拉开汽油和柴油的消费税税率差距。对于柴油货车，按照用途来划分税率，在制定最低标准税率的基础上，对用于商用动力的重型柴油，可以适当提高柴油消费税，而用于公共或农用的柴油给予一定的税率优惠；同时可以把成品油消费税纳入地方税，改为零售环节征收。

打破车辆购置税“一刀切”现状，适当制定差额税率。建议按汽车类别和燃料划分车辆购置税税率，拉开柴油货车和其他汽车的差距。对柴油货车细化车辆购置税，符合节能减排标准的柴油货车，可实行较低的税率；排污大、排放标准低的柴油货车，可以实行较高的税率。以此引导消费者优先购买低能耗、低污染，排放标准高的柴油货车，推动国六排放标准的柴油货车的市场占有率。同时建议到 2021 年根据国家新能源汽车具体市场情况，酌情考虑对新能源车辆减免部分车辆购置税，并持续对新能源货车免征车辆购置税，陆续打开新能源货车市场。

进一步细化车船税税额，拉开税收差距。建议货车在按辆和吨位实行从量定额征收时，能按照污染程度进行特别细化；不同油品和排放标准的货车污染物贡献率不同，尤其对于柴油货车，应严格根据排放标准实行差额征收，适当拉开税额差距，鼓励消费者多购买使用排放标准高、污染排放少的柴油货车。对于高污染老旧柴油货车，按照年限逐级增加税额，加速柴油货车的淘汰和促新能源货车的购买使用。

调整不同地区柴油货车淘汰补贴力度。建议对淘汰补贴金额较低的省、市，提高补偿标准来加大柴油货车淘汰力度；对补贴时间较短的省、市，如果一定期限内未达到淘汰数量要求，可延长淘汰补贴时间直至完成淘汰任务；对未划分时间阶段的省、市，制定分阶段差异化淘汰补贴标准，提高车主提前报废老旧柴油货车的积极性，加快当地柴油货车淘汰进程。同时建议国家制定一个柴油货车淘汰补贴基础标准，各省、市参考借鉴国家标准，制定适应本地区的淘汰补贴标准，加快全国柴油货车淘汰进程。

鼓励新能源货车使用。建议提高新能源货车现阶段补贴标准，按原国家补贴标准 80%进行补贴，同时地方政府继续给予补贴。对新能源货车实行差别化通行管理，从事城市配送的车辆专设通行道路或增加其通行道路，长途运输的免征过路费以及停车费，促进汽车行业朝绿色化、清洁化方向发展；对于高污染柴油货车，限制其通行范围；加大以旧换新财政补贴力度，把老旧柴油货车淘汰环节与新能源货车购买环节紧密结合，这样既能加快柴油货车淘汰速度，又能促进新能源货车的购买使用。

奖罚并举，促进柴油车加装更换污染控制装置。鼓励国四及以上标准的柴油货车加装 DPF 或者车用尿素，并给予相应的资金补贴或税收优惠，提高车主的改造意愿，从而有效降低柴油货车污染物排放量。发现新车在出厂前存在对污染控制装置造假、屏蔽 OBD（车载自动诊断系统）功能、不依法公开环保信息等行为，应进行严厉打击。加湿对在用车辆排放检测，严厉打击超标排放的违法行为，对未安装 DPF 高排放的柴油货车进行高额罚款。淘汰阶段若达到报废年限仍在使用的，予以扣分并处以罚款。

5 其他税收绿色化政策

近年来，我国除开征环境保护税、改革资源税之外，还不断发展和完善增值税、企业所得税、消费税和关税等其他税种中与环境相关的绿色税收政策，大力提高税收的绿色化程度，推动我国环境税收体系的构建。本章梳理了 2019 年我国其他与环境相关的税收政策的进展，对存在的问题和不足进行分析，并提出针对性的改进建议。

5.1 增值税绿色税收政策

5.1.1 实施进展

增值税的税收优惠措施对节能环保企业具有较强的激励作用，引导企业利用清洁能源进行生产、高效利用资源，从前端减少污染物排放。2019 年全国增值税收入 62 346 亿元，同比增长 1.3%。2019 年增值税绿色税收政策的发展主要围绕资源综合利用政策进行，10 月财政部、国家税务总局发布《关于资源综合利用增值税政策的公告》（以下简称公告），针对磷石膏、废玻璃、“禁止类、限制类项目”“高污染、高环境风险”产品等做出了规定。

增加纳税人销售自产磷石膏资源综合利用产品的规定。自 2019 年 9 月 1 日起，纳税人销售自产磷石膏资源综合利用产品，可享受增值税即征即退政策，退税比例为 70%。该项政策体现了磷石膏综合利用的紧迫性和国家的重视程度，不仅有利于减少企业纳税负担，而且有利于减轻磷化工企业磷石膏消纳负担，缓解磷石膏大量产生和堆存带来的环保隐患，加快推进磷石膏综合利用产业发展。同时对于价值相对较高的磷石膏深加工类产品，随着其转化量的加大，优惠政策的利好程度也会随之越来越大。公告发布以后，磷石膏综合利用取得阶段性成效。各地区大力推动磷石膏综合利用发展。磷石膏重点产区贵州、四川率先实施了“以用定产”硬性要求。湖北、云南、安徽等省份也提出削减磷石膏库存、提高综合利用水平的具体指标和奖惩措施。贵州、山东、湖北、云南、四川等多地初步形成磷石膏综合利用集聚区，涌现出一批磷石膏综合利用龙头企业和具备石膏资源综合利用系统解决方案的平台型民营企业，技术创新活跃。此外，2019 年湖北省宜昌市大力推动综合利用磷石膏建材发展绿色建筑产业，在建设领域已实施 20 个试点项目，消耗磷石膏近 40 万 t。

调增废玻璃退税比例。将《资源综合利用产品和劳务增值税优惠目录》（财税〔2015〕78 号）“3.12 废玻璃”项目退税比例由 50%调整为 70%。提高废玻璃综合利用的退税比例，有利于减轻相关企业的纳税负担，缓解企业的资金压力，促进废玻璃的综合利用效率提高，带动整个行业的发展，推动我国绿色环保循环经济的实现。

将“禁止类、限制类项目”改为“淘汰类、限制类项目”。《关于新型墙体材料增值税政策的通知》（财税〔2015〕73 号）第二条第一项和财税〔2015〕78 号文件第二条第二项中，“《产业结构调整指导目录》中的禁止类、限制类项目”修改为“《产业结构调整指导目录》中的淘汰类、限制类项目”。

将“高污染、高环境风险”产品标注特性为“GHW/GHF”产品。为财税〔2015〕73 号文件第二条第二项和财税〔2015〕78 号文件第二条第三项中“高污染、高环境风险”产品，是指在《环境保护综合名录》中标注特性为“GHW/GHF”的产品，但纳税人生产销售的资源综合利用产品满足“GHW/GHF”例外条款规定的技术和条件的除外。该项政策有利于扩大纳税人可享受增值税即征即退优惠的范围，通过税收优惠政策的激励作用，推动企业抓住机遇，努力提高资源综合利用能力和水平。

5.1.2 存在的问题

（1）磷石膏综合利用难度大，缺乏综合利用产品的标准和认定办法

磷石膏是我国继粉煤灰后第二大工业固体废物，目前累计堆存已达 5 亿 t，每年新产生近 8 000 万 t，这不仅制约了磷石膏综合利用发展，还对磷肥行业的可持续发展提出更高的要求。除磷石膏无害化处理难度大之外，现有的处理标准和优惠政策也存在不足。我国已有的磷石膏综合利用产品的相关标准如《磷石膏》（GB/T 32124—2018）、《磷石膏的处理处置规范》（GB/T 32124—2015）等，主要参照相关建材行业标准制定，缺乏关于多用途磷石膏资源综合利用产品的相关标准和认定办法，在一定程度上影响了磷石膏资源综合利用优惠政策的实施效果。

（2）增值税对于资源综合利用政策作用范围较窄

虽然近年来我国先后出台的资源综合利用税收优惠政策促使资源综合利用产业保持平稳健康发展态势，资源环境效益进一步显现。但是

原先税收政策优惠存在不足，导致政策的持续效应较弱，资源综合利用产业的发展速度逐渐放缓。增值税对于资源综合利用作用范围较窄，许多企业生产的产品和从事的生产活动都是符合资源综合利用的目标，但是他们的项目和产品并没有纳入税收优惠的项目中，这不符合税收的公平性原则（梁智腾，2016），因此《资源综合利用产品和劳务增值税优惠目录》需要进一步补充和完善。

（3）资源综合利用税收政策使用的绩效水平偏低

在我国促进资源综合利用的税收优惠政策的具体实践中，增值税和企业所得税资源综合利用目录不一致，税收优惠的方式方法存在差异。而且分门别类地税收优惠政策过于繁杂，甚至还存在临时性、过渡性以及特定情况下的税收优惠，这增加了纳税人对政策理解和应用的难度，也降低了资源综合利用税收政策的使用绩效。

5.1.3 建议

（1）进一步完善磷石膏资源综合利用的增值税优惠政策

将磷石膏资源综合利用产品的技术标准和相关条件在《资源综合利用产品和劳务增值税优惠目录》中单独列出，尽快研究资源综合利用产品认定办法，以便于执行落实和规范发展。此外，考虑到随着技术发展，不断有磷石膏方面的新产品出现，因此需要不断补充和完善优惠政策涵盖的范围。

（2）继续推进增值税绿色税收政策完善发展

加强同企业所得税有关政策的协同性，整合增值税和企业所得税资源综合利用目录，合并同一产品的适用条件，按产品大类划分目录，整合增值税即征即退比例档次。补充完善相关优惠目录，使增值税优惠政策在促进资源综合利用中发挥更持久、更有效的作用。

5.2 企业所得税绿色税收政策

5.2.1 实施进展

近年来，国家出台了一系列与战略性新兴产业发展契合度高的企业所得税优惠政策，大大降低了相关企业的实际所得税负担。2019 年全国企业所得税收入 37 300 亿元，同比增长 5.6%。

对从事污染防治第三方企业减按 15%税率征收企业所得税。财政部等四部门发布《关于从事污染防治的第三方企业所得税问题的公告》（财税〔2019〕60 号）明确，2019 年 1 月 1 日—2021 年年底，对从事污染防治第三方企业（以下简称第三方污染防治企业）减按 15%税率征收企业所得税，其中第三方污染防治企业指的是受排污企业或政府委托，负责环境污染治理设施（包括自动连续监测设施）运营维护的企业。该政策是落实 2014 年国务院办公厅《关于推行环境污染第三方污染防治的意见》中“研究明确第三方污染防治税收优惠政策”，2018 年中共中央、国务院《关于全面加强生态环境保护　坚决打好污染防治攻坚战的意见》中“研究对从事污染防治的第三方企业比照高新技术企业实行所得税优惠政策”要求的具体体现，是进一步鼓励第三方污染防治行业发展的重要措施，进而有利于激励第三方污染防治企业加大在技术研发创新方面的投入。此次税收优惠政策的出台不仅着眼于促进第三方污染防治企业的发展，更是国家培育扶植环保产业的重点体现。

目前国家已实施多项有利于环保产业发展的税收优惠政策，但直接针对环保企业进行税率优惠的经济政策尚属首次。我国第三方污染防治企业多为中小型企业，由于面临的资金压力大，风险承受能力低，尚未形成合理、稳定的盈利模式，而且防污治理项目投资周期长，具有较强的不确定性，因此第三方污染防治企业发展存在较多阻碍。此次企业所得税优惠政策的出台，有利于优化企业税收结构，激励企业加快技术创新，调动社会资本的投资积极性，从而有效促进行业发展。

各地出台政策配合企业所得税优惠政策的落地实施。在企业所得税优惠政策出台后，我国先后出台众多政策推动第三方污染防治企业和环保产业的发展，各省（区、市）积极配合，推动政策落地实施，江苏、上海、安徽、四川、黑龙江等省（市）探索引入第三方支付机制，以大气、水、土壤污染防治领域为重点，积极开展第三方污染防治试点示范。例如，江苏强化排污责任单位承担污染治理主体责任，发挥环保标准的引领与先导作用，适时适度提高污染排放标准，推进第三方污染防治自律有序；上海聚焦电厂除尘脱硫脱硝等 7 个重点领域出台分类市场化治污举措；四川省采用环境绩效合同服务等方式引入第三方污染防治等。

5.2.2 存在的问题

（1）针对第三方污染防治企业发展的税收优惠政策仍有不足

一方面，关于“第三方污染防治企业”的界定尚不清晰，缺乏系统详细的界定标准，不利于优惠政策的落地实施；另一方面，由于目前我国的第三方污染防治行业还处在发展过程中，环保企业仍然面临着较为严峻的资金问题，融资难、融资贵，并且存在大量的应收账款和货款回笼难的问题，这对企业所得税税收优惠政策的制定和实施提出了要求。此外，随着污染防治攻坚战进入“啃硬骨头”阶段，技术创新作为环保企业的核心竞争力，越来越需要环保企业的重视和大力投入，而我国目前缺乏专门针对环保企业技术创新的税收优惠政策。

（2）企业所得税优惠政策并未得到完全落实

一方面，企业豁免所得税的范围过窄，整体受益较小。这是因为我国企业所得税豁免对象仅针对企业综合利用“三废”产品或者进行环保投资的所得，并还要满足《资源综合利用目录》的实施标准。另一方面，我国企业所得税对企业购置环保设备资本支出优惠力度不够（许轲名，2019），不利于鼓励企业进行环保投资，难以满足经济可持续发展的需求。最后，企业所得税优惠期限较短（于佳曦，2018），资源综合利用企业会比普通企业投入更多的技术设备，而且产品从正式投产经营到形成一定规模并初见成效，一般需要几年的积累和铺垫的时间，因此需要较长的企业所得税优惠期限来维持其生产经营。

5.2.3 建议

（1）清晰界定“第三方”，完善做好政策的宣贯工作

明确“第三方污染防治企业”的定义和范围，统一界定标准，便于实际税收优惠政策的落地实施；此外，加强对地方和企业的宣传和培训，使他们充分了解政策细节，真正享受到实惠，从而促进污染治理的规模化发展。

（2）放宽优惠条件，延长优惠期限

放宽企业豁免所得税和享受税收优惠的条件，由于资源综合利用企业多为资金密集型、技术密集型的生产方式，因此可以适当降低高新技术企业认定标准。此外，为了防止企业追求短期经济利益而转向低成本利用原生材料生产的模式，对于符合循环经济发展的经营内容，应给予较长的优惠期限，使企业在追求利益的前提下保障其拥有足够的财力、物力按照循环经济模式运营。

（3）适当增大环保设备企业所得税抵免额度

目前的设备投资抵免幅度只有 10%，且对能享受专用设备的要求比较苛刻，建议以 10%作为抵免最低限额，抵免幅度可以根据企业实际污

染物排放减少情况来确定，还可考虑建立环保专用设备目录的定期调整机制，以保证目录符合社会发展需要。

（4）全方位加大研发环节所得税优惠力度

对节能环保企业为研究开发新产品或新技术而引进的无形资产，可以考虑给予缩短摊销年限的优惠政策，企业所得税的税负向后递延。对环境研发使用的先进设备允许加速折旧。由于节能环保产业从研发到实现经营利润的时限较长，且初期的利润稳定性较差，应适当延长亏损弥补期限。适当扩大企业技术转让收入所得税减免政策的适用范围。允许企业提取税前扣除的风险投资准备金。

5.3 消费税绿色税收政策

消费税是为了体现国家的产业政策和引导消费倾向而设置的一种税种，并根据消费品对环境损害程度予以税收调节。近年来，我国不断推动消费税改革，陆续出台诸多消费税绿色税收政策，更加注重发挥消费税的资源环境保护功能，促进我国经济可持续发展。在我国现行消费税中涉及绿色税收政策的税目有卷烟、鞭炮焰火、成品油、小汽车、摩托车、游艇、木制一次性筷子、实木地板、电池和涂料等消费品，虽然税目不多，但是我国合理运用税收机制来矫正这些产品的消费对生态环境产生的负外部性，在一定程度上发挥了消费税对能源、资源的节约和环境保护的功能作用。2019 年全国消费税收入 12 562 亿元，同比增长 18.2%。

5.3.1 实施进展

抑制铅蓄电池产销，鼓励绿色电池发展。2015 年 1 月国家税务总局发布《关于对电池、涂料征收消费税的通知》（财税〔2015〕16 号），自 2015 年 2 月对电池按 4%征收消费税，2016 年 1 月起征收铅蓄电池消费税。对无汞原电池、金属氢化物镍蓄电池（又称氢镍蓄电池或镍氢蓄电池）、锂原电池、锂离子蓄电池、太阳能电池、燃料电池和全钒液流电池免征消费税。铅蓄电池因其价格低廉、放电时电动势稳定等优点，占据绝大部分的市场份额，产值及销售额占全球电池的 50%。但是铅蓄电池在生产、回收环节都存在严重的铅、酸污染情况，加剧了重金属污染，对环境的腐蚀性强。因此，对铅蓄电池征税有利于抑制对铅蓄电池的消费，减少铅蓄电池的生产，缓解环境污染问题。而锂电池绿色环保，不论生产、使用和报废，都不含有且也不产生任何铅、汞、镉等有毒有害重金属元素和物质，因此对锂电池免税有利于鼓励锂电池的消费和生产发展，实现整个电池行业节能减排、绿色发展。2019 年 1—11 月锂离子电池产量 139.8 亿只，同比增长 2.4%；铅酸蓄电池产量 18 130.8 万 kVAh，同比增长 2.9%；此外太阳能电池产量增长 34.8%。

涂料绿色发展步入快车道。财税〔2015〕16 号通知还提到自 2015 年 2 月对涂料按 4%征收消费税，对于施工状态下挥发性有机物含量低于 420 g/L（含）的涂料免征消费税。此次消费税征收范围界定为油脂类、天然树脂类、酚醛树脂类等 17 类，单独的树脂、固化剂、稀料不征收，涂料定义中的辅助成膜物质不征收。征收对象主要是涂料生产企业，包括委托加工，对涂料流通环节和施工环节不征收消费税。涂料消费税出台之后，涂料绿色发展步入快车道，绿色标准的制定和绿色产品的认证逐渐完善，绿色涂料工厂的评定和绿色园区的建设也稳步进行，绿色涂料产业链的打造进入实质性阶段。2019 年涂料销售量为 2 416.1 万 t。

后移消费税征税环节至批发或零售环节。2019 年 9 月 26 日，国务院印发《实施更大规模减税降费后调整中央与地方收入划分改革推进方案》（国发〔2019〕21号）提出："按照健全地方税体系改革要求，在征管可控的前提下，将部分在生产（进口）环节征收的现行消费税品目逐步后移至批发或零售环节征收，拓展地方收入来源，引导地方改善消费环境。"将消费税的征收环节后移至批发和零售环节，更加符合受益者付费原则，有利于引导消费者提高资源环境保护意识，从购买高耗能高污染的产品转向对绿色环保产品的消费，促进消费者合理、绿色消费。

5.3.2 存在的问题

（1）关于涂料 VOCs 细节阐述存在争议

首先，涂料消费税政策里，VOCs 采用"在 101.3 kPa 标准压力下，任何初沸点低于或等于 250℃的有机化合物"的概念，但是这个概念较为落后，其他各行业的 VOCs 概念不同：有 260℃的，有光化学反应的，有饱和蒸气压的，有碳化物的，需要一个统一合理的标准；其次，施工状态下免税，但在施工状态下的涂料 VOCs 尚无有效的监管措施，企业可利用其为避税手段；最后，缺乏科学的 VOCs 检测方法，现有的试样经气相色谱法测试检测受到仪器、操作人员、VOCs 种类和绝对值的影响，导致检测结果误差大且重现性较差。

（2）消费税绿色税目征税范围偏窄

我国消费税的保护生态环境功能主要体现在对资源类商品的征收上，对污染类产品的征税几乎是空白（李伟，2018）。如煤炭、一次性塑料产品、电子垃圾、农药、化肥等尚未纳入征税范围。

（3）消费税的绿色税目实行价内税，减弱了引导作用

价内税将税收包含在商品价格之内，消费者在购买商品时只能看到商品价格的变化，而无法直接看到纳税额的变化。价外税有利于消费者更为具体了解纳税额的变化，从而明白在消费过程中由于自己购买对生

态环境造成污染的商品而必须承担的税收补偿这一事实。而价内税降低了消费税的透明度和引导作用，削弱了消费税的生态环境保护功能。

5.3.3 建议

（1）完善现有的消费税绿色税收政策

确定合理和详细的涂料消费税标准，逐步统一各行业 VOCs 的认定标准，严格设定免税的条件。后移小汽车消费税的征税环节，税率依据从排量逐渐改为与二氧化碳排放挂钩。增加消费税税收优惠政策，降低环保涂料、绿色电池以及新能源汽车的相对价格，以此鼓励这些产品绿色清洁生产发展。

（2）进一步扩大消费税绿色税收政策的覆盖范围

短期内考虑将国家已明令禁止的消费品以及在使用过程中产生严重环境污染的产品纳入征税范围，如白炽灯、一次性塑料包装袋、一次性饭盒等，这些产品在征管技术和实施效力方面具有可行性。中期考虑将煤炭纳入消费税征税范围，由于煤炭消费量占能源消费总量的 70%左右，而且其在生产和使用过程中会对环境造成严重污染，所以应考虑逐步将其纳入消费税征税范围。长期考虑将水资源、森林资源甚至动物资源纳入消费税征税范围，逐步实现消费税和资源税协同配合，相互补充。

（3）将消费税绿色税目征税方式由价内税改为价外税

明确告知消费者购买污染生态环境商品时要承担的具体消费税额，剔除隐蔽性，增强消费税对消费者绿色消费的引导作用。比如，在商品标价时将商品与服务的价格和税额分开标记，直观地反映消费者需要承担的税金。特别是在未来后移消费税的征税环节的改革中，采用价外税能保证充分发挥消费税对消费行为的引导能力，贯彻绿色环境的消费观念，使消费税绿色税收政策真正实现促进生态环境保护的作用。

5.4 关税和进出口绿色税收政策

发挥关税的绿色功能是环境保护大工程中重要的一环。改革开放以来，我国进口产品中出现大量的“洋垃圾”，严重污染了我国的生态环境，同时大量的“两高一资”产品出口，导致我国资源浪费。发挥关税的绿色功能，通过在进出口环节征收进出口环境关税，提高废弃物的进口关税和“两高一资”产品的出口关税，同时配合取消资源型产品出口退税政策，有利于实现“两高一资”行业的绿色转型升级，缓解固体废物资源综合利用的压力，促进我国经济环境可持续发展。

5.4.1 实施进展

2018 年 12 月，国务院关税税则委员会发布《2019 年进出口暂定税率等调整方案》，特别提到取消有关锰渣等 4 种固体废物的进口暂定税率，恢复最惠国税率。具体的进口关税变动情况见表 5-1，由表可知冶炼钢铁产生的锰渣、供拆卸的废船、废铜电机、废铝电线电缆的固体废物进口关税明显提高。同时，2019 年继续针对“两高一资”产品征收出口关税，且取消 94 项产品的出口暂定税率。

表 5-1　2019 年固体废物进口税率变动情况

海关编码	商品名称	最惠国税率/%	2018 年进口暂定税率/%
2618001001	锰渣	4	1
8908000000	供拆卸的船舶及其他浮动结构	3	1
7404000010	以回收铜为主的废电机等	1.5	0
7602000010	以回收铝为主的废电线等	1.5	0

数据来源：根据《2018 年进口商品最惠国暂定税率表》整理。

此外，在国务院发布的《2020 年进口暂定税率等调整方案》中，继续取消固体废物的进口暂定税率：自 2020 年 1 月 1 日起，取消钨废碎料和铌废碎料两种商品的进口暂定税率，恢复执行最惠国税率。具体变动情况如表 5-2 所示。

表 5-2 2020 年固体废物进口税率变动情况

海关编码	商品名称	最惠国税率/%	2019 年进口暂定税率/%
8101970000	钨废碎料	6	0
8112924010	铌废碎料	3	0

数据来源：根据《2019 年进口商品最惠国暂定税率表》整理。

关税和进出口税收绿色化带来显著的环保效应。关税和进出口税收绿色化既能有效地防止污染转移和扩散，又能在一定程度上缓解环保资金短缺的困境。针对污染环境产品的进出口征税有利于增加污染者的进出口经济成本，将环境成本外部化，抑制大量的“洋垃圾”进口和高污染高耗能产品的出口，这是促进我国贸易和环境可持续发展的重要环节。2019 年，在海关总署和生态环境部的高压管理和审查，以及绿色关税的配合之下，我国固体废物进口总量为 1 347.8 万 t，同比减少 40.4%。此外“两高一资”产品如钢铁累计出口钢材 6 429.3 万 t，同比下降 7.3%。

5.4.2 存在的问题

关税绿色化仍处于待发展阶段。我国绿色关税正处在理论和实践发展的初级阶段，因此现有税收政策仍缺乏对于关税的环境保护功能的认识和重视。关税的环境保护作用的地位不明确，在体现国家进出口政策导向的外商投资产业指导目录和进出口关税税则中，没有充分体现关税的绿色性（张浩，2018）。我国绿色关税的形式单一，计税方式不灵活、优惠手段单一，目前我国关税绿色化仍以减免税的优惠政策为主，尚未有以环境保护为目的的特别关税。

5.4.3 建议

（1）充分发挥关税的绿色环保作用

在设定关税的时候除了考虑其筹集财政收入和保护本国经济发展的职能外，还应该对关税的绿色环保功能予以更多地考虑，对于进口固体废物等污染型产品应该征收高进口关税，而针对出口高耗能资源型产品应该征收高出口关税。此外，丰富绿色关税的形式，对计税方式和优惠方法进行科学合理的调整，同时配套使用关税和非关税壁垒的手段，充分发挥关税的环境保护作用，重视环境和资源的价值，转变粗放型的对外贸易方式。

（2）加强同其他绿色税收政策的协同性

我国对“两高一资”产品的出口退税政策进行多次调整，主要方向是限制或降低该类型产品的出口退税率，关税可以同出口退税政策相互配合，针对同种产品采取相同方向的政策，将提高出口关税和取消出口退税相结合。同时，应该继续取消或降低“两高一资”产品的出口退税，充分发挥关税的绿色性，促进我国贸易和环境可持续发展。

6

未来改革展望

6.1 “十四五”环境税收政策改革思路

“十四五”时期是把我国建成富强、民主、文明、和谐、美丽的社会主义现代化强国新征程和实施美丽中国战略的第一个五年规划期，也是污染防治攻坚战取得阶段性胜利、生态环境质量持续改善的关键期，应全面贯彻落实习近平生态文明思想和党的十九大精神，加快生态文明体制改革、推进绿色发展战略部署，融合“绿色理念”，充分发挥税收政策在调控经济主体生态环境行为中的长效激励作用，助推企业转型升级，实现经济与环境相协调的可持续发展。

“十四五”时期深入推动环境税收政策改革，以全面改善生态环境质量为目标，以促进四大结构调整和经济高质量发展为发力点，面向服务和激励企业，打通包括财政投入、补贴、税收等在内的绿色财税政策链条，强化政策协同与技术支持，更大地发挥政策的作用。深入推进以环境保护税为核心的绿色税制改革，发挥对企业环境行为的调节作用，进一步强化由增值税、所得税等组成的激励性环境税收政策以及环境保护税、资源税、消费税、车船税等组成的约束性环境税收政策的调控引导作用（董战峰等，2020）。通过税收范围、征收方式以及税收优惠等改革促进各类生产、消费群体改进环境行为，通过税收优惠重点加大对节能环保产业，特别是对第三方污染防治企业的激励。

6.2 深入推进环境税收改革的重点

推进环境保护税改革。一是进一步优化和完善污染因子与当量值。当前《环境保护税法》所附《应税污染物和当量值表》沿用了排污收费制度的污染物及当量值，这些污染物和当量值制定于 20 世纪 90 年代中期，20 多年来企业污染物排放和监测、治理情况都发生了变化，建议对污染当量值进行修订。二是研究将对环境和人体危害较大的污染物 VOCs 以及造成气候变化的二氧化碳纳入征税范围。三是推动地方税额标准制定衔接环境质量达标。科学研究和调整环境保护税税率，增加企业环境创新动力，使税率朝与环境质量呈负相关、与经济发展呈正相关的方向靠拢。四是完善征收管理流程和办法。加快完善涉税信息共享平台建设，完善信息互通共享；明晰环境保护税复核办法，明确复核规范、工作流程及文书格式等具体操作细项；结合排污许可制及第二次全国污染源普查结果完善排污系数和物料衡算方法。

规范和完善资源税体系。一是加快扩大资源税征收范围。研究将资源税范围扩围到森林、海洋、草地、滩涂等生态价值和经济价值越来越明显的自然资源，研究将资源稀缺程度、生态破坏成本纳入资源税税率中，促进建立体现生态环境价值及资源稀缺性的税收制度。二是规范资源租税费分配关系。综合借鉴参照矿产资源和城镇土地资源的成熟经验，进一步理顺扩围后资源税费体系中的租、税、费关系和合理负担水平，积极发挥市场的引导与调节功能，做好资源税与其他相关税种税负的衔接，统筹资源品所涉及的消费税和增值税的税负，形成税收政策合力。三是加快完善推进水资源税改革。加快把试点地区经验推广至全国，按照从量计征和从价计征相结合的计量方式，鼓励推广用水、取水在线计量设施。加大水资源计量基础设施的投入，通过财政补贴、税收减免、投资退税等多种形式引导纳税人主动安装计量设施。将水资源税收优惠推广普及到绿色环保企业、主动采用节水环保新技术新产品的企业等，根据不同的水耗设置相应的税收扣除。

完善绿色交通税收体系。对高能耗、高污染汽车实行高税率征税，对低能耗汽车实行低税率征税，或设置一定的补贴或税收返还政策，以达到限制高污染车辆购买的目的。同时新能源汽车的成本较高，补贴政策完全退出之后，消费者对新能源车辆的购买欲望可能会受到影响，建议根据国家新能源汽车具体市场情况，酌情考虑对新能源车辆减免部分车辆购置税。同时，对混合动力汽车免征成品油消费税，促进进一步达到节能减排的目的。我国目前还未出台任何有关交通拥堵税的政策和规定，为了缓解交通压力，同时减少环境污染，重点城市可以研究逐渐把交通拥堵税纳入交通税的征收范围。

扩大消费税绿色化覆盖范围。将国家已明令禁止的消费品以及在使用过程中产生严重环境污染的产品纳入征税范围，如白炽灯、一次性塑料包装袋、一次性饭盒、含 VOCs 产品等，这些产品在征管技术和实施效力方面具有可行性。将消费税绿色税目征税方式由价内税改为价外税，明确告知消费者购买污染生态环境商品时要承担的具体消费税额，剔除隐蔽性，增强消费税对消费者绿色消费的引导作用。比如，在商品标价时将商品与服务的价格和税额分开标记，直观地反映消费者需要承担的税金。

加大税收绿色优惠政策。加强推动环保设施改造与更新的税收优惠政策制定。对企业购置并实际使用的环保专用设备，研究推行加速折旧政策，对防治污染的设备和设施、特定基础材料、废弃物再生处理设备等，允许加速折旧。企业利用税后利润再投资于环保专用设备的，应给予一定比例的退税支持。企业所得税方面，应培育第三方污染防治新模式，鼓励第三方研发和推广环境污染治理新技术、新工艺，并给予更加优惠的税收优惠政策。此外，完善绿色税收优惠政策体系，加强各税种优惠政策之间的协同性，比如整合增值税和企业所得税资源综合利用目录，合并同一项目适用的税收优惠政策条件，使各政策相互补充、相互配合，使税收优惠政策制定的目标和效果得以实现。

6.3 加强实施配套保障

规范制度环境，提高市场化程度。较高的法制化与市场化水平以及良好的政府治理是一个地区制度环境良好的表现。在制度环境好的地区，市场配置资源的程度较高，市场环境相对公平，企业能够根据政策预期履行环境行为，环境税收的激励效果较好；在制度环境差的地方，企业获得绿色税收优惠的动机主要是税收规避，对企业绿色转型的实际激励作用较弱。因此，在制度环境相对较差的地区，应着力加强法治文化和法治城市建设，用改革的手段推进市场化、法治化、国际化营商环境建设，营造公平的市场环境。

建立财税政策评估机制。对现行的绿色财税政策建立定期评估制度，采取多指标综合测评、税费改革前后对比分析等方法，研究制定财税改革评估方案，对财税改革的政策方案执行情况跟踪分析并及时反馈。构建科学合理的财政预算绩效指标评价体系，充分评估财政支出方案的合理性和支出标准的科学性，确保资金使用效率最大化。探索多元评估主体有序参与机制，引入有资质的中介机构开展第三方专业评估，提高决策评估的科学化和民主化。

完善政策信息公开和监督机制。公开绿色财税政策制定过程，提高政策信息披露的充分性和完整性，增强社会各界对财税政策相关报告的可获得性，借助网络、电视等媒体广泛宣传拟定的财税优惠政策目标、范围、期限等，建立第三方公共支出监督制度，提高政策公开透明的质量以及公众知晓度。强化财政预算执行过程中的监督和审计，严格按照预算制定的规范开展财政资金使用过程监督及公开问责，细化考核监督机制。

强化财税政策科学技术支撑。设立绿色财税政策专项科研课题，推进政策制定新技术和新方法研究，构建科学制定财税政策的技术体系。充分吸收现代科学技术，以数字化为基础，把云计算、大数据、人工智能等高科技技术手段与财税管理结合起来，形成系统的财税科技，以财税科技进步推动财税管理提升。运用现代监测与统计技术，提高财税管理数据信息的“生产”能力，运用现代信息与人工智能技术，促进财税数据信息的共享。

参考文献

[1] Long Feng，Ge Chazhong，Bi Fenfen，et al. Study on carbon emission reduction effect of environmental protection tax in China [A]. Economic Instruments for a Low-Carbon Future[C]. Edward Elgar Publishing Limited，2020.

[2] OECD（2001）. Environmentally related taxes in oecd countries：issues and strategies，https：//www.oecd-ilibrary.org/environment/environmentally- elated-taxes-in-oecd-countries_ 9789264193659-en.

[3] OECD（2006）. The political economy of environmentally related taxes，OECD Publishing，Paris，https：//doi.org/10.1787/9789264025530-en.

[4] OECD（2018）. Tax policy reforms 2018：OECD and selected partner economies[M]. Paris：OECD Publishing，2018. https：//doi.org/10.1787/9789264304468-en.

[5] 包智勇. 完善我国汽车消费税制度的政策建议[J]. 河西学院学报，2014，30（6）：9，92-95.

[6] 曹建波. 环境税的价值功能及其法治保障[D]. 长沙：中南大学，2012.

[7] 常宏帅. 环境保护税对黄金矿山企业发展影响探析——以太白矿业公司为例[J]. 黄金，2019，40（1）：1-3.

[8] 陈会娟. 我国环境税征收的现状及对策建议研究[J]. 中小企业管理与科技（下旬刊），2019（5）：93-94.

[9] 陈萍. 我国机动车购置和使用环节开征环境税的法律构想[D]. 兰州：西北民族大学，2016.

[10] 陈阵. 环境保护税征管中存在的问题及对策研究[J]. 税务研究，2019（6）：115-117.

[11] 程泉，郑军，裴潇. 我国环境保护税实施现状及问题分析[J]. 财政监督，2019（12）：78-83.

[12] 戴向前，周飞，廖四辉. 扩大水资源税改革试点进展情况分析[J]. 水利发展研究，2019，19（3）：3-4，40.

[13] 丁焰，王军方，尹航. 京津冀地区机动车污染防治重点及建议[J]. 环境保护，2018，46（19）：20-24.

[14] 董战峰，龙凤，毕粉粉，等. 国家"十四五"绿色财税政策改革思路与重点[J]. 环境保护，2020，48（18）：42-45.

[15] 董战峰，龙凤，胡天觋. 环境保护税收政策实施状况及建议[J]. 中国国情国力，2020（2）：41-43.

[16] 窦晓冉. 深化资源税改革的税收研究[J]. 环渤海经济瞭望，2019（10）：8-9.

[17] 杜丙照. 水资源费改税的实践探索与对策[J]. 中国水利，2019（23）：20-22.

[18] 方堃. 环境保护税征管中的问题与对策[J]. 中州学刊，2019（8）：97-100.

[19] 冯添，赵祯祺. 资源税法：为税收改革留出空间[J]. 中国人大，2020（3）：53.

[20] 高萍. 促进我国环境保护的税制改革研究[M]. 北京：中国税务出版社，2017.

[21] 高萍. 丹麦绿色税收探析[J]. 税务研究，2005（4）：91-94.

[22] 葛察忠，龙凤，董战峰，等. 中国环境税收政策绿皮书：2018[M]. 北京：中国环境出版集团，2019.

[23] 葛察忠，龙凤，杨琦佳，等. 环境保护税研究[M]. 北京：中国环境科学出版社，2018.

[24] 郝旭东，陈立梅，王秀玲．环境保护税开征对工业企业税负的影响[J]．纳税，2019，13（6）：4-5.

[25] 贺晋瑜．温室气体与大气污染物协同控制机制研究[D]．太原：山西大学，2011.

[26] 黄春元．成品油消费税的欧盟经验及对中国的启示[J]．税务研究，2018（7）：67-70.

[27] 黄春元．成品油消费税经济效应的实证研究[J]．税务研究，2017（7）：101-106.

[28] 黄燕芬，张志开，张超．完善我国要素价格市场化形成机制的重要举措——简评新近出台的 LPR 定价机制、修订《土地管理法》、颁布《资源税法》三项改革[J]．价格理论与实践，2019（8）：4-7.

[29] 济南市环保局．济南市出台老旧柴油车报废更新资金补贴实施方案[EB/OL]. http：//www.sdein.gov.cn/dtxx/gsdt/201804/t20180420_1271196. html.

[30] 贾丽智，王雅琼．国内外有关汽车节能减排的税收政策分析[J]．财会月刊，2012（35）：38-40.

[31] 姜超：中国宏观税负高在哪里 从哪里降？[EB/OL]. http：//www.china.com.cn/opinion/think/2018-09/06/content_62492995.htm.

[32] 瞿茜阳，龙凤，葛察忠，等．完善我国交通行业绿色税收建议[J]．环境保护，2019，47（24）：50-55.

[33] 李丽平，周国梅，季浩宇．污染减排的协同效应评价研究——以攀枝花市为例[J]．中国人口·资源与环境，2010，20（S2）：91-95.

[34] 李梅．水资源费改税成效、问题及对策——基于河北试点情况[J]．地方财政研究，2019（4）：58-62.

[35] 李庆生，龙凤．部分国家或地区对挥发性有机物征收环境保护税的经验及借鉴[J]．税务研究，2019，412（5）：66-69.

[36] 李庆生. 对固体废物征收环境保护税的国际经验借鉴[J]. 国际税收，2019（2）：70-74.

[37] 李伟. 消费税改革研究综述[J]. 经济研究参考，2018（24）：64-74.

[38] 李永钧. 2017—2018 年汽车新政回顾与展望[J]. 汽车与配件，2018（3）：40-44.

[39] 梁智腾. 促进资源综合利用的税收政策研究——以高平市为例[D]. 太原：山西财经大学，2016.

[40] 林思宇，石磊，马中，等. 环境税对高污染行业的影响研究——以湖南邵阳高 COD 排放行业为例[J]. 长江流域资源与环境，2018，27（3）：632-637.

[41] 龙凤，张姣玉，葛察忠，等. 促进柴油货车污染防治的环境经济政策分析[J]. 环境保护，2019，47（18）：12-16.

[42] 龙凤. 环境保护税征收管理实施评估[J]. 冶金财会，2019，38（4）：4-7.

[43] 卢少华. 浅谈开征环境保护税对污水处理企业的影响及对策[J]. 纳税，2018（8）：27.

[44] 路世昌，范小齐. 我国开征环境保护税的政策评析及改进建议[J]. 辽宁工程技术大学学报（社会科学版），2019，21（3）：170-175.

[45] 牛彤. 中国工业大气污染物和二氧化碳协同减排研究[D]. 太原：太原理工大学，2019.

[46] 潘文琦，芮晓东. 基于 CGE 模拟环境税征收对化工产业影响的地区差异——以苏豫两省为例[J]. 中国林业经济，2019（5）：13-17.

[47] 秦昌波. 中国环境经济一般均衡分析系统及其应用[M]. 北京：科学出版社，2013.

[48] 沙桐宇，李登明. 新征环境税对造纸及纸制品行业的影响与对策——以山东晨鸣纸业集团股份有限公司为例[J]. 中国林业经济，2019（5）：36-37，42.

[49] 孙笑. 环境保护税的征收管理存在的问题及建议[J]. 纳税，2019，13（24）：

8，10.

[50] 孙玉坤. 我国水资源税改革过程中的问题与对策探析[J]. 中国物价，2019（10）：72-74.

[51] 汤烨. 火电厂大气污染物与温室气体协同减排效应核算及负荷优化控制研究[D]. 北京：华北电力大学，2014.

[52] 王金南，葛察忠，龙凤，等. 中国环境税收政策设计与效应研究[M]. 北京：中国环境出版社，2015.

[53] 王金南，葛察忠，高树婷，等. 环境税收及其实施方案研究[M]. 北京：中国环境科学出版社，2006.

[54] 王金南，葛察忠，高树婷，等. 中国环境税收政策框架设计与实施战略[M]. 北京：中国环境科学出版社，2006.

[55] 王燕军. 柴油车减排国外实践经验[J]. 交通建设与管理，2016（22）：96-101.

[56] 肖伊. 资源税改革历程及立法意义[J]. 湖南税务高等专科学校学报，2020，33（5）：55-59.

[57] 许轲名. 可持续发展视角下我国绿色税收问题探究[J]. 财会通讯，2019（35）：117-120.

[58] 闫彦明，何丽. 欧盟汽车产业推行绿色税制的经验与借鉴[J]. 环境保护，2012，40（16）：75-78.

[59] 杨志勇. 资源税立法意味着中国一半税种已完成立法任务[EB/OL]. 21 世纪经济报道. http：//finance.eastmoney.com/a/201908281219279088.html.

[60] 于佳曦，司言武. 我国资源综合利用税收优惠政策效果评估[J]. 税务研究，2018（11）：20-24.

[61] 于心怡，蓝艳，黄一彦，等. 借鉴韩国治霾新政加强我国对柴油车的管理[J]. 环境与可持续发展，2019，44（4）：82-86.

[62] 张浩. 关税的环境保护作用研究[D]. 上海：上海海关学院，2018.

[63] 张荣庆. 完善车辆购置税与车船税之建议[J]. 税务研究，2010（11）：57.

[64] 张伊丹，董战峰，葛察忠，等. 环境保护税减征优惠的激励机制与创新研究[J]. 生态经济，2019a，35（4）：167-171.

[65] 张伊丹，葛察忠，段显明，等. 环境保护税税额地方差异研究[J]. 税务研究，2019 b（1）：25-31.

[66] 张伊丹，葛察忠，段显明，等. 基于边际治理成本的环境保护税税率标准探究与政策建议[J]. 环境科学研究，2019c，32（2）：183-189.

[67] 赵鹏迪. 资源税改革问题研究[J]. 现代商业，2020（3）：162-163.

[68] 赵术高，周兵. 资源税改革：职能理念、分配关系与税制税权[J]. 地方财政研究，2020（1）：65-71，77.

[69] 赵术高，周兵. 资源税改革：职能理念、分配关系与税制税权[J]. 地方财政研究，2020（1）：65-71，77.

[70] 中国国务院新闻办公室.《中国应对气候变化的政策与行动（2011）》白皮书[EB/OL]. 2011-11-22，http：//www.gov.cn/jrzg/2011-11/22/content_2000047.htm.

[71] 中华人民共和国生态环境部. 中国机动车环境管理年报（2019）[EB/OL]. http：//www.mee.gov.cn/xxgk2018/xxgk/xxgk15/201909/ t20190904_732374. html.

[72] 中华人民共和国中央人民政府. 中共中央　国务院关于全面加强生态环境保护　坚决打好污染防治攻坚战的意见[EB/OL]. http：//www.gov.cn/zhengce/2018-06/24/ content_5300953. htm.

[73] 周全，葛察忠，李红祥. 国际绿色交通经验及借鉴[J]. 环境保护，2011，39（22）：67-69.

附录

附录 1 2019 年出台的与环境税相关的政策法规文件清单（部分）

序号	政策名称	发布部门	发布时间	文号
环境保护税				
1	关于发布《福建省环境保护税核定征收办法（试行）》的公告（2019）	国家税务总局福建省税务局、福建省生态环境厅	2019 年 1 月	福建省税务局公告 2019 年第 2 号
2	关于环境保护税税目中“其他固体废物”具体范围的决定	重庆市人民代表大会常务委员会	2019 年 8 月	重庆市人民代表大会常务委员会公告（五届）第 53 号
资源税				
3	中华人民共和国资源税法	全国人民代表大会常务委员会	2019 年 8 月	—
4	关于规范取水许可管理　做好水资源税征收工作的通知	北京市水务局、国家税务总局北京市税务局	2018 年 12 月	京水务资〔2018〕115 号

序号	政策名称	发布部门	发布时间	文号
5	关于印发《山东省煤炭资源税从价计征暂行办法》的通知	山东省财政厅、国家税务总局山东省税务局	2019 年 10 月	鲁财税〔2019〕36 号
6	关于调整全区煤炭资源税适用税率的通告	内蒙古自治区人民政府	2019 年 11 月	内政发〔2019〕14 号
交通类税收				
7	关于继续执行的车辆购置税优惠政策的公告	财政部、国家税务总局	2019 年 6 月	财政部　国家税务总局公告　2019 年第 75 号
8	关于发布《免征车辆购置税的新能源汽车车型目录》（第二十三批）的公告	工业和信息化部、国家税务总局	2019 年 3 月	工业和信息化部国家税务总局公告 2019 年第 10 号
9	关于发布《免征车辆购置税的新能源汽车车型目录》（第二十四批）的公告	工业和信息化部、国家税务总局	2019 年 4 月	工业和信息化部国家税务总局公告 2019 年第 15 号
10	关于发布《免征车辆购置税的新能源汽车车型目录》（第二十五批）的公告	工业和信息化部、国家税务总局	2019 年 6 月	工业和信息化部国家税务总局公告 2019 年第 21 号
11	关于发布《免征车辆购置税的新能源汽车车型目录（第二十六批）、汽车生产企业名称变更名单、撤销〈免征车辆购置税的新能源汽车车型目录〉的车型名单》的公告	工业和信息化部、国家税务总局	2019 年 8 月	工业和信息化部国家税务总局公告 2019 年第 32 号
12	免征车辆购置税的新能源汽车车型目录（第二十七批）	工业和信息化部、国家税务总局	2019 年 10 月	工业和信息化部国家税务总局公告 2019 年第 45 号
13	免征车辆购置税的新能源汽车车型目录（第二十八批）	工业和信息化部、国家税务总局	2019 年 12 月	工业和信息化部国家税务总局公告 2019 年第 57 号

序号	政策名称	发布部门	发布时间	文号
14	免征车辆购置税的新能源汽车车型目录（第二十九批）	工业和信息化部、国家税务总局	2019 年 12 月	工业和信息化部 国家税务总局公告 2019 年第 62 号
15	关于发布《享受车船税减免优惠的节约能源　使用新能源汽车车型目录（第七批）》的公告	工业和信息化部、国家税务总局	2019 年 3 月	工业和信息化部 国家税务总局公告 2019 年第 9 号
16	《享受车船税减免优惠的节约能源　使用新能源汽车车型目录》（第八批）	工业和信息化部	2019 年 5 月	工业和信息化部公告　2019 年第 18 号
17	《享受车船税减免优惠的节约能源　使用新能源汽车车型目录》（第九批）	工业和信息化部	2019 年 7 月	工业和信息化部公告　2019 年第 25 号
18	关于发布《享受车船税减免优惠的节约能源　使用新能源汽车车型目录（第十批）、汽车生产企业名称变更名单》的公告	工业和信息化部、国家税务总局	2019 年 8 月	工业和信息化部 国家税务总局公告 2019 年第 31 号
19	《享受车船税减免优惠的节约能源　使用新能源汽车车型目录》（第十一批）	工业和信息化部、国家税务总局	2019 年 11 月	工业和信息化部 国家税务总局公告 2019 年第 47 号
20	《享受车船税减免优惠的节约能源　使用新能源汽车车型目录》（第十二批）	工业和信息化部、国家税务总局	2019 年 12 月	工业和信息化部 国家税务总局公告 2019 年第 60 号
增值税				
21	关于资源综合利用增值税政策的公告	财政部、税务总局	2019 年 10 月	财政部 税务总局公告 2019 年第 90 号
22	关于电网企业增值税税率调整相应降低一般工商业电价的通知	国家发展改革委	2019 年 3 月	发改价格〔2019〕559 号

序号	政策名称	发布部门	发布时间	文号
23	关于电网企业增值税税率调整相应降低单一制工商业电价有关事项的通知	河北省发展改革委	2019 年 4 月	冀发改价格〔2019〕468 号
24	关于电网企业增值税税率调整相应降低一般工商业电价有关事项的通知	福建省发展改革委	2019 年 4 月	闽发改价格〔2019〕249 号
25	关于电网企业增值税税率调整相应降低我省一般工商业电价的通知	广东省发展改革委	2019 年 4 月	粤发改价格〔2019〕138 号
26	关于电网企业增值税税率调整相应降低我省一般工商业用电价格的通知	山西省发展改革委	2019 年 4 月	晋发改商品发〔2019〕187 号
27	关于电网企业增值税税率调整相应降低一般工商业电价的通知	黑龙江省发展改革委	2019 年 5 月	黑发改价格〔2019〕117 号
28	关于电网企业增值税税率调整及暂停征收小型水库移民后期扶持资金相应降低工商业电价的通知	安徽省发展改革委	2019 年 4 月	皖发改价格〔2019〕229 号
29	关于 2019 年因增值税税率调整相应降低电价的通知	河南省发展改革委	2019 年 4 月	豫发改价管〔2019〕212 号
30	关于电网企业增值税税率调整等相应降低一般工商业电价的通知	湖北省发展改革委	2019 年 4 月	鄂发改价格〔2019〕121 号
31	关于电网企业增值税税率调整相应降低我省单一制工商业电价有关事项的通知	贵州省发展改革委	2019 年 4 月	黔发改价格〔2019〕352 号
32	关于电网增值税税率调整相应降低一般工商业电价有关事项的通知	甘肃省发展改革委	2019 年 4 月	甘发改价管〔2019〕301 号

序号	政策名称	发布部门	发布时间	文号
33	关于调整部分项目可享受返税政策进口天然气数量的通知	财政部、海关总署、国家税务总局	2019年3月	财关税〔2019〕12号
企业所得税				
34	关于从事污染防治的第三方企业所得税政策问题的公告	财政部、国家税务总局、国家发展改革委、生态环境部	2019年4月	财政部公告2019年第60号
消费税				
35	关于延长对废矿物油再生油品免征消费税政策实施期限的通知	财政部、国家税务总局	2018年12月	财税〔2018〕144号
36	国务院关于印发实施更大规模减税降费后调整中央与地方收入划分改革推进方案的通知	国务院	2019年9月	国发〔2019〕21号

附录 2　2019 年国家层面出台的环境税法规文件

中华人民共和国资源税法

（2019 年 8 月 26 日第十三届全国人民代表大会常务委员会第十二次会议通过）

第一条　在中华人民共和国领域和中华人民共和国管辖的其他海域开发应税资源的单位和个人，为资源税的纳税人，应当依照本法规定缴纳资源税。

应税资源的具体范围，由本法所附《资源税税目税率表》（以下称《税目税率表》）确定。

第二条　资源税的税目、税率，依照《税目税率表》执行。

《税目税率表》中规定实行幅度税率的，其具体适用税率由省、自治区、直辖市人民政府统筹考虑该应税资源的品位、开采条件以及对生态环境的影响等情况，在《税目税率表》规定的税率幅度内提出，报同级人民代表大会常务委员会决定，并报全国人民代表大会常务委员会和国务院备案。《税目税率表》中规定征税对象为原矿或者选矿的，应当分别确定具体适用税率。

第三条　资源税按照《税目税率表》实行从价计征或者从量计征。

《税目税率表》中规定可以选择实行从价计征或者从量计征的，具体计征方式由省、自治区、直辖市人民政府提出，报同级人民代表大会常务委员会决定，并报全国人民代表大会常务委员会和国务院备案。

实行从价计征的，应纳税额按照应税资源产品（以下称应税产品）

的销售额乘以具体适用税率计算。实行从量计征的，应纳税额按照应税产品的销售数量乘以具体适用税率计算。

应税产品为矿产品的，包括原矿和选矿产品。

第四条 纳税人开采或者生产不同税目应税产品的，应当分别核算不同税目应税产品的销售额或者销售数量；未分别核算或者不能准确提供不同税目应税产品的销售额或者销售数量的，从高适用税率。

第五条 纳税人开采或者生产应税产品自用的，应当依照本法规定缴纳资源税；但是，自用于连续生产应税产品的，不缴纳资源税。

第六条 有下列情形之一的，免征资源税：

（一）开采原油以及在油田范围内运输原油过程中用于加热的原油、天然气；

（二）煤炭开采企业因安全生产需要抽采的煤成（层）气。

有下列情形之一的，减征资源税：

（一）从低丰度油气田开采的原油、天然气，减征百分之二十资源税；

（二）高含硫天然气、三次采油和从深水油气田开采的原油、天然气，减征百分之三十资源税；

（三）稠油、高凝油减征百分之四十资源税；

（四）从衰竭期矿山开采的矿产品，减征百分之三十资源税。

根据国民经济和社会发展需要，国务院对有利于促进资源节约集约利用、保护环境等情形可以规定免征或者减征资源税，报全国人民代表大会常务委员会备案。

第七条 有下列情形之一的，省、自治区、直辖市可以决定免征或者减征资源税：

（一）纳税人开采或者生产应税产品过程中，因意外事故或者自然灾害等原因遭受重大损失；

（二）纳税人开采共伴生矿、低品位矿、尾矿。

前款规定的免征或者减征资源税的具体办法，由省、自治区、直辖市人民政府提出，报同级人民代表大会常务委员会决定，并报全国人民代表大会常务委员会和国务院备案。

第八条 纳税人的免税、减税项目，应当单独核算销售额或者销售数量；未单独核算或者不能准确提供销售额或者销售数量的，不予免税或者减税。

第九条 资源税由税务机关依照本法和《中华人民共和国税收征收管理法》的规定征收管理。

税务机关与自然资源等相关部门应当建立工作配合机制，加强资源税征收管理。

第十条 纳税人销售应税产品，纳税义务发生时间为收讫销售款或者取得索取销售款凭据的当日；自用应税产品的，纳税义务发生时间为移送应税产品的当日。

第十一条 纳税人应当向应税产品开采地或者生产地的税务机关申报缴纳资源税。

第十二条 资源税按月或者按季申报缴纳；不能按固定期限计算缴纳的，可以按次申报缴纳。

纳税人按月或者按季申报缴纳的，应当自月度或者季度终了之日起十五日内，向税务机关办理纳税申报并缴纳税款；按次申报缴纳的，应当自纳税义务发生之日起十五日内，向税务机关办理纳税申报并缴纳税款。

第十三条 纳税人、税务机关及其工作人员违反本法规定的，依照《中华人民共和国税收征收管理法》和有关法律法规的规定追究法律责任。

第十四条 国务院根据国民经济和社会发展需要，依照本法的原则，对取用地表水或者地下水的单位和个人试点征收水资源税。征收水资源税的，停止征收水资源费。

水资源税根据当地水资源状况、取用水类型和经济发展等情况实行差别税率。

水资源税试点实施办法由国务院规定，报全国人民代表大会常务委员会备案。

国务院自本法施行之日起五年内，就征收水资源税试点情况向全国人民代表大会常务委员会报告，并及时提出修改法律的建议。

第十五条 中外合作开采陆上、海上石油资源的企业依法缴纳资源税。

2011 年 11 月 1 日前已依法订立中外合作开采陆上、海上石油资源合同的，在该合同有效期内，继续依照国家有关规定缴纳矿区使用费，不缴纳资源税；合同期满后，依法缴纳资源税。

第十六条 本法下列用语的含义是：

（一）低丰度油气田，包括陆上低丰度油田、陆上低丰度气田、海上低丰度油田、海上低丰度气田。陆上低丰度油田是指每平方公里原油可开采储量丰度低于二十五万立方米的油田；陆上低丰度气田是指每平方公里天然气可开采储量丰度低于二亿五千万立方米的气田；海上低丰度油田是指每平方公里原油可开采储量丰度低于六十万立方米的油田；海上低丰度气田是指每平方公里天然气可开采储量丰度低于六亿立方米的气田。

（二）高含硫天然气，是指硫化氢含量在每立方米三十克以上的天然气。

（三）三次采油，是指二次采油后继续以聚合物驱、复合驱、泡沫驱、气水交替驱、二氧化碳驱、微生物驱等方式进行采油。

（四）深水油气田，是指水深超过三百米的油气田。

（五）稠油，是指地层原油黏度大于或等于每秒五十毫帕或原油密度大于或等于每立方厘米零点九二克的原油。

（六）高凝油，是指凝固点高于四十摄氏度的原油。

（七）衰竭期矿山，是指设计开采年限超过十五年，且剩余可开采储量下降到原设计可开采储量的百分之二十以下或者剩余开采年限不超过五年的矿山。衰竭期矿山以开采企业下属的单个矿山为单位确定。

第十七条 本法自 2020 年 9 月 1 日起施行。1993 年 12 月 25 日国务院发布的《中华人民共和国资源税暂行条例》同时废止。

附 资源税税目税率表

序号	税目			征税对象	税率幅度
1	能源矿产		原油	原矿	6%
2			天然气、页岩气、天然气水合物	原矿	6%
3			煤	原矿或者选矿	2%～10%
4			煤成（层）气	原矿	1%～2%
5			铀、钍	原矿	4%
6			油页岩、油砂、天然沥青、石煤	原矿或者选矿	1%～4%
7			地热	原矿	1%～20%或者每立方米 1～30 元
8	金属矿产	黑色金属	铁、锰、铬、钒、钛	原矿或者选矿	1%～9%
9		有色金属	铜、铅、锌、锡、镍、锑、镁、钴、铋、汞	原矿或者选矿	2%～10%
10			铝土矿	原矿或者选矿	2%～9%
11			钨	选矿	6.5%

序号	税目			征税对象	税率幅度
12	金属矿产	有色金属	钼	选矿	8%
13			金、银	原矿或者选矿	2%～6%
14			铂、钯、钌、锇、铱、铑	原矿或者选矿	5%～10%
15			轻稀土	选矿	7%～12%
16			中重稀土	选矿	20%
17			铍、锂、锆、锶、铷、铯、铌、钽、锗、镓、铟、铊、铪、铼、镉、硒、碲	原矿或者选矿	2%～10%
18	非金属矿产	矿物类	高岭土	原矿或者选矿	1%～6%
19			石灰岩	原矿或者选矿	1%～6%或者每吨（或者每立方米）1～10元
20			磷	原矿或者选矿	3%～8%
21			石墨	原矿或者选矿	3%～12%
22			萤石、硫铁矿、自然硫	原矿或者选矿	1%～8%
23			天然石英砂、脉石英、粉石英、水晶、工业用金刚石、冰洲石、蓝晶石、硅线石（矽线石）、长石、滑石、刚玉、菱镁矿、颜料矿物、天然碱、芒硝、钠硝石、明矾石、砷、硼、碘、溴、膨润土、硅藻土、陶瓷土、耐火黏土、铁矾土、凹凸棒石黏土、海泡石黏土、伊利石黏土、累托石黏土	原矿或者选矿	1%～12%
24			叶蜡石、硅灰石、透辉石、珍珠岩、云母、沸石、重晶石、毒重石、方解石、蛭石、透闪石、工业用电气石、白垩、石棉、蓝石棉、红柱石、石榴子石、石膏	原矿或者选矿	2%～12%

序号	税目			征税对象	税率幅度
25	非金属矿产	矿物类	其他黏土（铸型用黏土、砖瓦用黏土、陶粒用黏土、水泥配料用黏土、水泥配料用红土、水泥配料用黄土、水泥配料用泥岩、保温材料用黏土）	原矿或者选矿	1%～5%或者每吨（或者每立方米）0.1～5 元
26		岩石类	大理岩、花岗岩、白云岩、石英岩、砂岩、辉绿岩、安山岩、闪长岩、板岩、玄武岩、片麻岩、角闪岩、页岩、浮石、凝灰岩、黑曜岩、霞石正长岩、蛇纹岩、麦饭石、泥灰岩、含钾岩石、含钾砂页岩、天然油石、橄榄岩、松脂岩、粗面岩、辉长岩、辉石岩、正长岩、火山灰、火山渣、泥炭	原矿或者选矿	1%～10%
27			砂石（天然砂、卵石、机制砂石）	原矿或者选矿	1%～5%或者每吨（或者每立方米）0.1～5 元
28		宝玉石类	宝石、玉石、宝石级金刚石、玛瑙、黄玉、碧玺	原矿或者选矿	4%～20%
29	水气矿产	二氧化碳气、硫化氢气、氦气、氡气		原矿	2%～5%
30		矿泉水		原矿	1%～20%或者每立方米 1～30 元
31	盐	钠盐、钾盐、镁盐、锂盐		选矿	3%～15%
32		天然卤水		原矿	3%～15%或者每吨（或者每立方米）1～10 元
33		海盐			2%～5%

关于继续执行的车辆购置税优惠政策的公告

（财政部 税务总局公告　2019 年第 75 号）

为贯彻落实《中华人民共和国车辆购置税法》，现将继续执行的车辆购置税优惠政策公告如下：

1. 回国服务的在外留学人员用现汇购买 1 辆个人自用国产小汽车和长期来华定居专家进口 1 辆自用小汽车免征车辆购置税。防汛部门和森林消防部门用于指挥、检查、调度、报汛（警）、联络的由指定厂家生产的设有固定装置的指定型号的车辆免征车辆购置税。具体操作按照《财政部 国家税务总局关于防汛专用等车辆免征车辆购置税的通知》（财税〔2001〕39 号）有关规定执行。

2. 自 2018 年 1 月 1 日至 2020 年 12 月 31 日，对购置新能源汽车免征车辆购置税。具体操作按照《财政部　税务总局　工业和信息化部　科技部关于免征新能源汽车车辆购置税的公告》（财政部 税务总局 工业和信息化部 科技部公告 2017 年第 172 号）有关规定执行。

3. 自 2018 年 7 月 1 日至 2021 年 6 月 30 日，对购置挂车减半征收车辆购置税。具体操作按照《财政部　税务总局　工业和信息化部关于对挂车减征车辆购置税的公告》（财政部　税务总局　工业和信息化部公告　2018 年第 69 号）有关规定执行。

4. 中国妇女发展基金会“母亲健康快车”项目的流动医疗车免征车辆购置税。

5. 北京 2022 年冬奥会和冬残奥会组织委员会新购置车辆免征车辆购置税。

6．原公安现役部队和原武警黄金、森林、水电部队改制后换发地方机动车牌证的车辆（公安消防、武警森林部队执行灭火救援任务的车辆除外），一次性免征车辆购置税。

本公告自 2019 年 7 月 1 日起施行。

财政部
税务总局
2019 年 6 月 28 日

关于资源综合利用增值税政策的公告

（财政部　税务总局公告　2019 年第 90 号）

经研究，现将磷石膏资源综合利用等增值税政策公告如下：

一、自 2019 年 9 月 1 日起，纳税人销售自产磷石膏资源综合利用产品，可享受增值税即征即退政策，退税比例为 70%。

本公告所称磷石膏资源综合利用产品，包括墙板、砂浆、砌块、水泥添加剂、建筑石膏、α 型高强石膏、Ⅱ型无水石膏、嵌缝石膏、黏结石膏、现浇混凝土空心结构用石膏模盒、抹灰石膏、机械喷涂抹灰石膏、土壤调理剂、喷筑墙体石膏、装饰石膏材料、磷石膏制硫酸，且产品原料 40%以上来自磷石膏。

纳税人利用磷石膏生产水泥、水泥熟料，继续按照《财政部　国家税务总局关于印发〈资源综合利用产品和劳务增值税优惠目录〉的通知》（财税〔2015〕78 号，以下称财税〔2015〕78 号文件）附件《资源综合利用产品和劳务增值税优惠目录》“2.2 废渣”项目执行。

纳税人适用磷石膏资源综合利用增值税即征即退政策的其他有关事项，按照财税〔2015〕78 号文件执行。

二、自 2019 年 9 月 1 日起，将财税〔2015〕78 号文件附件《资源综合利用产品和劳务增值税优惠目录》“3.12 废玻璃”项目退税比例调整为 70%。

三、《财政部　国家税务总局关于新型墙体材料增值税政策的通知》（财税〔2015〕73 号，以下称财税〔2015〕73 号文件）第二条第一项和财税〔2015〕78 号文件第二条第二项中，“《产业结构调整指导目录》中的禁止类、限制类项目”修改为“《产业结构调整指导目录》中的淘汰类、限制类项目”。

四、财税〔2015〕73 号文件第二条第二项和财税〔2015〕78 号文件第二条第三项中“高污染、高环境风险”产品，是指在《环境保护综合名录》中标注特性为“GHW/GHF”的产品，但纳税人生产销售的资源综合利用产品满足“GHW/GHF”例外条款规定的技术和条件的除外。

特此公告。

财政部

税务总局

2019 年 10 月 24 日

关于电网企业增值税税率调整相应降低一般工商业电价的通知

（发改价格〔2019〕559 号）

省、自治区、直辖市发展改革委（物价局），国家电网有限公司、南方电网公司、内蒙古电力（集团）有限责任公司：

为贯彻落实《政府工作报告》关于一般工商业平均电价再降低 10%的要求，现就电网企业增值税税率调整相应降低一般工商业电价有关事项通知如下。

一、电网企业增值税税率由 16%调整为 13%后，省级电网企业含税输配电价水平降低的空间全部用于降低一般工商业电价，原则上自 2019 年 4 月 1 日起执行。

二、各省（区、市）价格主管部门要抓紧研究提出电网企业增值税税率调整相应降低一般工商业电价的具体方案，经省级人民政府同意后实施，并报我委（价格司）备案。同时，相应降低各省（区、市）一般工商业输配电价水平。

三、各省（区、市）价格主管部门、电网企业要精心组织、周密安排，做好宣传解释工作，确保上述降电价政策平稳实施。执行中遇到的情况和问题，请及时报送我委（价格司）。

国家发展改革委

2019 年 3 月 27 日

关于从事污染防治的第三方企业所得税政策问题的公告

（财政部公告　2019 年第 60 号）

为鼓励污染防治企业的专业化、规模化发展，更好支持生态文明建设，现将有关企业所得税政策问题公告如下：

一、对符合条件的从事污染防治的第三方企业（以下称第三方防治企业）减按 15%的税率征收企业所得税。

本公告所称第三方防治企业是指受排污企业或政府委托，负责环境污染治理设施（包括自动连续监测设施，下同）运营维护的企业。

二、本公告所称第三方防治企业应当同时符合以下条件：

（一）在中国境内（不包括港、澳、台地区）依法注册的居民企业；

（二）具有 1 年以上连续从事环境污染治理设施运营实践，且能够保证设施正常运行；

（三）具有至少 5 名从事本领域工作且具有环保相关专业中级及以上技术职称的技术人员，或者至少 2 名从事本领域工作且具有环保相关专业高级及以上技术职称的技术人员；

（四）从事环境保护设施运营服务的年度营业收入占总收入的比例不低于 60%；

（五）具备检验能力，拥有自有实验室，仪器配置可满足运行服务范围内常规污染物指标的检测需求；

（六）保证其运营的环境保护设施正常运行，使污染物排放指标能够连续稳定达到国家或者地方规定的排放标准要求；

（七）具有良好的纳税信用，近三年内纳税信用等级未被评定为 C

级或 D 级。

三、第三方防治企业，自行判断其是否符合上述条件，符合条件的可以申报享受税收优惠，相关资料留存备查。税务部门依法开展后续管理过程中，可转请生态环境部门进行核查，生态环境部门可以委托专业机构开展相关核查工作，具体办法由税务总局会同国家发展改革委、生态环境部制定。

四、本公告执行期限自 2019 年 1 月 1 日起至 2021 年 12 月 31 日止。

特此公告。

财政部
税务总局
国家发展改革委
生态环境部
2019 年 4 月 13 日

关于延长对废矿物油再生油品免征消费税政策实施期限的通知

（财税〔2018〕144 号）

各省、自治区、直辖市、计划单列市财政厅（局），国家税务总局各省、自治区、直辖市、计划单列市税务局，新疆生产建设兵团财政局：

为进一步促进资源综合利用和环境保护，经国务院批准，《财政部 国家税务总局关于对废矿物油再生油品免征消费税的通知》（财税

〔2013〕105号）实施期限延长5年，自2018年11月1日至2023年10月31日止。自2018年11月1日至本通知下发前，纳税人已经缴纳的消费税，符合本通知免税规定的予以退还。

财政部
税务总局
2018年12月7日

关于印发实施更大规模减税降费后调整中央与地方收入划分改革推进方案的通知

（国发〔2019〕21号）

各省、自治区、直辖市人民政府，国务院各部委、各直属机构：

现将《实施更大规模减税降费后调整中央与地方收入划分改革推进方案》印发给你们，请认真贯彻执行。

国务院
2019年9月26日

实施更大规模减税降费后调整中央与地方收入划分改革推进方案

为进一步理顺中央与地方财政分配关系，支持地方政府落实减税降费政策、缓解财政运行困难，按照党中央、国务院决策部署，现就实施更大规模减税降费后调整中央与地方收入划分改革制定如下方案。

一、基本原则

（一）保持现有财力格局总体稳定。调动中央与地方两个积极性，稳定分税制改革以来形成的中央与地方收入划分总体格局，巩固增值税“五五分享”等收入划分改革成果。

（二）建立更加均衡合理的分担机制。按照深化增值税改革、建立留抵退税制度的要求，在保持留抵退税中央与地方分担比例不变的基础上，合理调整优化地方间的分担办法。

（三）稳步推进健全地方税体系改革。适时调整完善地方税税制，培育壮大地方税税源，将部分条件成熟的中央税种作为地方收入，增强地方应对更大规模减税降费的能力。

二、主要改革措施

（一）保持增值税“五五分享”比例稳定。《国务院关于印发全面推开营改增试点后调整中央与地方增值税收入划分过渡方案的通知》（国发〔2016〕26 号）确定的 2～3 年过渡期到期后，继续保持增值税收入划分“五五分享”比例不变，即中央分享增值税的 50%、地方按税收缴纳地分享增值税的 50%。进一步稳定社会预期，引导各地因地制宜发展优势产业，鼓励地方在经济发展中培育和拓展税源，增强地方财政“造血”功能，营造主动有为、竞相发展、实干兴业的环境。

（二）调整完善增值税留抵退税分担机制。建立增值税留抵退税长效机制，结合财政收入形势确定退税规模，并保持中央与地方“五五”分担比例不变。为缓解部分地区留抵退税压力，增值税留抵退税地方分担的部分（50%），由企业所在地全部负担（50%）调整为先负担 15%，其余 35%暂由企业所在地一并垫付，再由各地按上年增值税分享额占比均衡分担，垫付多于应分担的部分由中央财政按月向企业所在地省级财政调库。合理确定省以下退税分担机制，切实减轻基层财政压力。具体办法由财政部研究制定。

（三）后移消费税征收环节并稳步下划地方。按照健全地方税体系改革要求，在征管可控的前提下，将部分在生产（进口）环节征收的现行消费税品目逐步后移至批发或零售环节征收，拓展地方收入来源，引导地方改善消费环境。具体调整品目经充分论证，逐项报批后稳步实施。先对高档手表、贵重首饰和珠宝玉石等条件成熟的品目实施改革，再结合消费税立法对其他具备条件的品目实施改革试点。改革调整的存量部分核定基数，由地方上解中央，增量部分原则上将归属地方，确保中央与地方既有财力格局稳定。具体办法由财政部会同税务总局等部门研究制定。

三、工作要求

（一）加强组织领导。财政部要加强对中央与地方收入划分改革工作的组织协调，抓紧制定具体实施办法。各省级人民政府要结合本地实际，进一步建立健全中央与地方收入划分改革工作的协调机制，明确责任分工，强化协同配合，督促指导本级部门和辖区内市县全面贯彻落实。国务院有关部门要全力配合改革，协助做好对各地区各行业改革落实情况的跟踪监测。

（二）严肃财经纪律。财政部要会同有关部门认真审核、严格把关，防止一些地方人为干预税收、突击做基数。各地区要按本方案要求推进改革，严肃查处干预企业经营、操纵税源分布、地方市场保护等违规行为，防止为了短期和局部利益，搞违规政策洼地。各级税务机关要做好改革后税收征管工作，严厉打击虚开发票和偷逃骗税行为，坚决堵塞征管漏洞。

（三）推进配套改革。本方案确定的中央与地方收入划分改革措施到位后，各省、自治区、直辖市及计划单列市人民政府要结合本地实际，进一步改革和完善省以下财政管理体制，理顺省以下各级政府间收入划分关系，均衡省以下地区间财力，促进基本公共服务均等化。

实施更大规模减税降费是应对当前经济下行压力的关键之举，调整中央与地方收入划分改革是落实减税降费政策的重要保障。各地区各部门要更加紧密地团结在以习近平同志为核心的党中央周围，坚持以习近平新时代中国特色社会主义思想为指导，增强“四个意识”、坚定“四个自信”、做到“两个维护”，抓好本方案的贯彻实施工作，建立权责清晰、财力协调、区域均衡的中央与地方财政关系，为减税降费政策落实创造条件，确保让企业和人民群众有实实在在的获得感，为全面建成小康社会收官打下决定性基础，以优异成绩庆祝中华人民共和国成立 70 周年。